Reinhard Körner OCD • »Wenn der Mensch Gott sucht ...«

»Wenn der Mensch
Gott sucht – viel mehr
noch sucht Gott
den Menschen.«

Johannes vom Kreuz

Reinhard Körner OCD

»Wenn der Mensch Gott sucht ...«

Glaubensorientierung an der Berg-Karmel-Skizze

des hl. Johannes vom Kreuz

Inhalt

Vorwort

Ein religiöses Leben führen ist nicht schon in sich etwas Gutes. Man kann mit Gebet, Meditation und sonstigen »geistlichen Übungen« seiner Seele auch großen Schaden zufügen, sich den Charakter verderben und anderen zur Belastung werden. Johannes vom Kreuz (1542–1591), der auf den folgenden Seiten zu Wort kommen soll, gehört zu den Menschen in der Geschichte des Christentums, die aus dieser Tatsache keinen Hehl machten. Er nannte die Fehlformen des religiösen Lebens in der Kirche seiner Zeit klar beim Namen und hatte einen wachen Blick für Frömmigkeitspraktiken und Glaubensauffassungen, die sich unheilvoll auswirken. Und er wusste all dem eine gesunde Spiritualität aus dem Geist des Evangeliums entgegenzusetzen. Ein Papst des 20. Jahrhunderts hat ihm deshalb die Autorität eines »Kirchenlehrers« zugesprochen. *Wenn ein Mensch Gott sucht*, wird er in den Schriften dieses alten Meisters verlässlichen Rat, kritische Wahrhaftigkeit und gediegene Orientierung auf das Wesentliche und Echte hin finden.

Zum geistlichen Vermächtnis des spanischen Mystikers zählt die bisher (zumal im deutschen Sprachraum) noch wenig bekannte BERG-KARMEL-SKIZZE. Gerade dieses kleine Werk kann eine wertvolle Hilfe sein, *in den »geistlichen Dingen« die Geister zu unterscheiden* – heute noch ebenso wie damals. Es ist mir daher ein Anliegen, die Skizze meines Ordensvaters auch den »Gott-Suchern« unserer Zeit zugänglich zu machen. Sie wird hier erstmals in ausführlicher Form vorgestellt und auf der Grundlage der Ergebnisse heutiger Johannes-vom-Kreuz-Forschung gedeutet. Dabei habe ich mich um eine möglichst verständliche und bei aller Ausführlichkeit doch knappe Auslegung bemüht. Theologisch und historisch interessierte Leser und Leserinnen, die das Dargestellte vertiefen und noch gründlicher studieren möchten, finden in den Anmerkungen entsprechende Literaturhinweise. Dennoch wird die Lektüre des Buches nicht ganz einfach sein. Sie erfordert ein geduldiges Mitvollziehen der einzelnen Schritte, in denen die verschiedenen Elemente der Skizze nach und nach erschlossen werden. Erst wenn alles »angeschaut« ist, wird erkennbar sein, was uns Johannes vom Kreuz da in die Hand gegeben hat. Die Mühe wird sich lohnen.

Lange haben das Verlags-Team und ich überlegt, welchen Titel wir dem Buch geben sollten. Schließlich haben wir uns dann für die ersten Worte einer Lebensweisheit entschieden (s. S. 16), die Johannes vom Kreuz in einem Spätwerk – wie ein geistliches Testament – für seine Leser und Leserinnen so formuliert hat: *»Vor allem muss man wissen: Wenn der Mensch Gott sucht – viel mehr noch sucht Gott den Menschen.«*

Karmel Birkenwerder, am Pfingstfest 2001

Reinhard Körner OCD

Johannes vom Kreuz – sein Leben und sein Vermächtnis

1

Die großen Werke der geistlichen Tradition sind meistens Bücher von beachtlichem Umfang. Die BEKENNTNISSE des Augustinus, DIE NACHFOLGE CHRISTI DES Thomas von Kempen, das EXERZITIENBUCH des Ignatius von Loyola, die SEELENBURG Teresas von Ávila oder die SELBSTBIOGRAPHISCHEN SCHRIFTEN der »kleinen« Thérèse von Lisieux kommen in heutigen Ausgaben leicht auf die Stärke von hundert bis dreihundert Druckseiten. Doch auch kleinere Schriften gehören zu den »großen« und dürfen unter die Klassiker der christlichen Spiritualität gezählt werden. Eine davon stammt aus der Feder des Teresianischen Karmeliten Johannes vom Kreuz. Der Verfasser von vier Büchern, die den genannten an Seitenstärke nicht nachstehen, hat es geschafft, eines seiner Werke auf einem einzigen Blatt Papier unterzubringen. Es handelt sich um eine Skizze aus Strichen, Worten und kurzen Sätzen, die als BERG-KARMEL-SKIZZE (MONTE CARMELO) oder BERG DER VOLLKOMMENHEIT (MONTE DE LA PERFECCIÓN) bekannt geworden ist. Zu seinen Lebzeiten hat man sie auch einfach »Berg« (Monte) oder »kleiner Berg« (Montecillo, Montecito oder Montecico) genannt. In Fachkreisen ist man sich heute einig, dass sie die optische Zusammenfassung seiner gesamten Lehre darstellt. Als ein »*graphisches Gedicht*«[1] gibt sie die Grundzüge der Spiritualität wieder, aus der Johannes vom Kreuz lebte. Die Lebensweisheit, die er uns in seinen Schriften hinterlassen hat, ist hier auf das Wesentliche verdichtet. Vergleichbar, was Umfang und Dichte betrifft, wäre damit wohl nur noch das Rad-Symbol der süddeutschen »Gottesfreunde« im 15. Jahrhundert, das Bruder Klaus von Flüe, auf einen Zettel gemalt, stets mit sich trug und sein »Buch« nannte, in dem er in der »Hochschule des Heiligen Geistes« lerne.[2]

Wer ist Johannes vom Kreuz? Wie war sein Leben und worin besteht sein geistliches Vermächtnis an unsere Zeit? Bevor wir uns der Berg-Karmel-Skizze zuwenden, möchte ich ihren Autor und seine Spiritualität kurz vorstellen.

Fray Juan de la Cruz

Juan de Yepes wurde 1542 in Fontiveros/Kastilien als Sohn armer Seidenweber geboren. Als 21-jähriger trat er in Medina del Campo in den Karmelitenorden ein. Zuvor hatte er sich nach einer bewegten und entbehrungsreichen Kindheit – der Vater starb früh, die Mutter musste mit ihren drei Söhnen in materieller Not mehrmals den Wohnort wechseln – als Pfleger im Seuchenhospital der Stadt nützlich gemacht und nebenher eine gediegene Schulbildung bei den Jesuiten erhalten. Nach dem Noviziat studiert er in Salamanca, an einer der damals bedeutendsten Universitäten Europas, Theologie und Philosophie und erwirbt sich umfangreiche Kenntnisse in der Theologie des geistlichen Lebens.

Bald nach der Priesterweihe gewinnt Teresa von Ávila (1515 - 1582) den jungen Ordensmann für ihren Plan, Reformklöster des Karmel zu gründen. 1568 beginnt er als *Fray Juan de la Cruz* – Bruder Johannes vom Kreuz – zusammen mit zwei Mitbrüdern in einer Notunterkunft in Duruelo, einem kleinen Dorf in Kastilien, karmelitanisches Leben nach den Vorgaben Teresas, wird Novizenmeister und Studienleiter im neuen Ordenszweig, dann Beichtvater und Spiritual der Schwestern in Ávila.

Infolge bedaulicher ordens- und kirchenpolitischer Missverständnisse nehmen ihn Mitbrüder des Stammordens 1577 als Rebell gefangen und halten ihn in Toledo fest, um seinen Einfluss auszuschalten. Nach neun für Körper und Geist sehr qualvollen Monaten gelingt ihm die Flucht.

Es folgen Jahre vielseitigen Wirkens: Ausübung verschiedener Leitungsämter im Teresianischen (Unbeschuhten) Karmel, Schwesternseelsorge, Predigttätigkeit, geistliche Begleitung zahlreicher Ordenschristen und vieler Menschen aus allen sozialen Schichten. Er gründet Klöster für Schwestern und Brüder, betätigt sich dabei als Handwerker und Baumeister und verfasst, sporadisch und nur nebenher, mehrere geistliche Schriften.

Mit der Wahl von Nicolás Doria zum Provinzial im Jahre 1585 beginnt für Fray Juan eine schwere Zeit. Wie in fast allen Reformbewegungen im damaligen katholischen Spanien bekommt auch im neuen Karmelorden eine stark traditionalistisch orientierte Glaubenssicht die Oberhand, verbunden mit einer sehr rigoristischen Lebenspraxis.[3] Fray Juan wird zunehmend unbeliebt bei denen, die nun das Sagen haben. Nach dem Generalkapitel im Sommer 1591 ist er aller Ämter enthoben. Einer drohenden Verbannung kommt er zuvor, indem er sich für die Mission in Mexiko meldet.

Doch die Überfahrt kann er nicht mehr antreten: Am 14. Dezember 1591 stirbt er in Ubeda/Andalusien. Ein Menschenalter später, im Jahre 1675, wird er in Rom seliggesprochen, 1726 folgt die Heiligsprechung; Pius XI. nimmt ihn schließlich 1926 als »doctor mysticus« in die Reihe der *Kirchenlehrer* auf.[4]

Das »Markige« des Evangeliums

Es ist fast dreißig Jahre her, dass ich zum ersten Mal – es war 1972, während des Theologiestudiums in Erfurt – mit Texten dieses »doctor mysticus« in Berührung kam. Zwar verstand ich nicht alles, was ich da las (manches verstehe ich auch heute noch nicht), doch ich fühlte *mich* verstanden. In den Schriften des hl. Johannes vom Kreuz begegnete mir eine Sicht des religiösen Lebens, die ganz und gar zu dem »Ruck« passte, der damals, im ersten Jahrzehnt nach dem Zweiten Vatikanischen Konzil, durch die Katholische Kirche ging: zu jenem Aufbruch hin zur Ehrlichkeit in der Auseinandersetzung mit den Glaubensfragen, hin zu einer vertieften und von überkommenen Formalismen gereinigten Spiritualität, hin zum menschenfreundlichen Gott des Evangeliums Jesu.

In der DDR gab es zu dieser Zeit schon so manche sozial und humanistisch eingestellte Mitbürger, die sehr darunter litten, dass die marxistischen Ideale im »real existierenden Sozialismus« mehr und mehr pervertiert wurden. Gelegentlich hörte man solche »Edel-Marxisten«, wie wir sie respektvoll nannten, in ihrem Kummer scherzhaft sagen: »Die Lehre ist Marx, doch was daraus wurde, ist Murks.«

Aufgeweckten Christen, zu denen auch ich gehören wollte, war klar: Es gibt wohl keinen Bereich in der Realität des menschlichen Lebens, für den dieser Satz sinngemäß nicht ebenfalls zutreffen würde; auch im »real existierenden Christentum« war ja in so mancher Hinsicht »Marx« zu »Murks« geworden! Und das hat sich in den vergangenen drei Jahrzehnten nicht grundsätzlich geändert ... Ich dachte damals und ich denke heute dabei nicht zuerst an die ja doch immer – auch in meinem Leben – gegebene Diskrepanz zwischen christlichem Ideal und tatsächlichem Verhalten, an all das menschliche Versagen in der Kirche also, das man mit mehr oder weniger Recht als »Murks« beklagen kann. Ich denke vielmehr an Auffassungen vom Glauben selbst, die, im Licht des Evangeliums gesehen, das Erlösende und Befreiende, das Jesus in die Welt brachte, eher verstellen als offenbaren; und ich denke vor allem, während ich dieses Buch über die Berg-Karmel-Skizze des hl. Johannes vom Kreuz schreibe, an bestimmte Ansichten und Praktiken, die hinsichtlich der *Spiritualität* – oder mit dem traditionellen Wort ausgedrückt: hinsichtlich der *Frömmigkeit* – unter dem Anschein, »gut katholisch« (oder auch »gut protestantisch«) zu sein, bei uns Christen bis heute verbreitet sind und sich doch für den Einzelnen und für ganze geistliche Gemeinschaften lebensfeindlich, einengend, ja sogar krankmachend auswirken.

Viele Menschen – es werden, Gott sei Dank!, immer mehr – riechen diesen »Murks« schon von weitem. Gerade in einer Zeit wie der unsrigen, in der wir über die in der Kirche praktizierten Frömmigkeitsformen hinaus mit spirituellen Lehren, Wegen und Methoden konfrontiert sind, die auf dem nicht mehr überschaubaren Markt der Esoterik angeboten werden und längst auch in christliche Kreise hinein Einfluss bekommen haben, fragt so mancher ehrliche Gottsucher zu Recht: Was ist eigentlich das Echte, welcher Art von religiösem Leben kann ich trauen, was führt wirklich zum Heil?

Johannes vom Kreuz ist einer der großen Seelsorger und Theologen in der Geschichte der Kirche, die dem »Murks« unheilvoll sich auswirkender religiöser Ideologien und Praktiken – wie etwa der bis heute verbreiteten und in der kirchlichen Pastoral noch immer geförderten Leistungsfrömmigkeit, von der im 2. Kapitel die Rede sein wird – das »Markige« des Evangeliums Jesu entgegenstellten.

Seelsorger mit geistlicher Erfahrung und theologischer Kompetenz

Von den ersten Tagen seines Ordenslebens in Duruelo an bis zu den letzten Stunden auf dem Sterbebett war Fray Juan, der kontemplativ lebende Karmelitenpater, intensiver Seelsorger und dabei zugleich ein bestens geschulter, auf die Wahrheit des christlichen Glaubens bedachter, biblisch und geschichtlich orientierter Theologe – ganz so, wie sich Teresa von Ávila Leben und Wirken ihrer Brüder im Reformorden gewünscht hatte.

Einen Ausschnitt (leider nicht mehr!) von dem, was er zu sagen hatte, überliefern uns seine *Briefe* und *geistlichen Kurztexte* und die vier Hauptwerke AUFSTIEG AUF DEN BERG KARMEL, DIE DUNKLE NACHT, DER GEISTLICHE GESANG und DIE LEBENDIGE FLAMME DER LIEBE; sie sind allesamt im Rahmen der geistlichen Begleitung geschrieben worden und haben die innere Beziehung des Menschen zu Gott zum Thema. Vor allem aber hinterließ uns Juan de la Cruz *Gedichte*, die in der Sprache alttestamentlicher und zeitgenössischer Liebeslyrik das Leben besingen, zu dem er selbst im Glauben an den Gott des Evangeliums gefunden hatte; in der spanischen Nationalliteratur nehmen sie bis heute den höchsten Rang ein.

In diesen Schriften[5] kann man lernen, was »an Gott glauben«, was »geistlich leben« ist und was es nicht ist. Johannes vom Kreuz hat mir geholfen, meinen eigenen Glaubensweg zu verstehen, seelische Erfahrungen zu deuten, die Augen für das Wesentliche zu öffnen, Zusammenhänge zu erkennen, Einzelnes ins Ganze einzuordnen, Echtes von Schwärmerei oder falscher Zurückhaltung zu unterscheiden, spirituelle Methoden und Wege auf das letzte Ziel hin zu orientieren. Selbst »atheistisch« Denkende, so lehrt mich die Erfahrung in der Weitergabe der sanjuanischen[6] Theologie und Spiritualität, entdecken heute in seinen Werken, wie ehrlich und menschlich Gott zur Antwort auf die großen Fragen nach Ziel und Sinn des Lebens werden kann. Juans schriftliches Vermächtnis ist zugleich eine ausgezeichnete Schule, um geistliche Begleitung und Seelsorge zu lernen.

Über vier Jahrhunderte hin haftete dem Heiligen aus dem Karmel das verzerrte Bild eines »gestrengen Aszeten« an, der sich und anderen harte Entbehrungen abverlangt und an den Freuden dieser Erde nichts Gutes lässt. Auch in unserem Orden, der ihn zusammen mit Teresa von Ávila zu den »Ordenseltern« zählt, machten deshalb viele Schwestern und Brüder nach dem Noviziat um seine Schriften gern einen weiten Bogen. In der Christenheit des deutschen Sprachraums war er ohnehin fast unbekannt, selbst in der Theologie fanden seine Schriften kaum Berücksichtigung.

Erst in den vergangenen zwei/drei Jahrzehnten ist Johannes vom Kreuz, dank historischer und theologischer Forschung, weltweit »wiederentdeckt« worden. Sein Name steht heute für eine solide, an der Realität des Lebens erprobte und vor der Theologie der Kirche verantwortete Spiritualität. Viele Menschen – weit über die Kirchengrenzen hinaus – sehen in diesem Ordensmann aus dem 16. Jahrhundert eine religiöse Autorität von hoher Kompetenz. Es bleibt freilich nicht aus, dass er da und dort noch immer missverstanden und für frömmelnde oder gar esoterisch-spiritualistische Anschauungen missbraucht wird.

Christliche Spiritualität im Gesamtentwurf

Hinter allem, was Fray Juan lehrte, schrieb und lebte, steht so etwas wie ein Gesamtentwurf von Spiritualität, eine Gesamtschau des menschlichen Lebens im Licht der Frohbotschaft Jesu. Sie in den Grundzügen vor Augen zu haben, wird eine Hilfe sein, um die Berg-Karmel-Skizze verstehen zu können.[7]

Fray Juan betrachtet sich und seine Mitmenschen von dem Ziel her und auf das Ziel hin, das die neutestamentliche Offenbarung vorgibt. Was Gott will, so sagt er in der Sprache der Vätertheologen der ersten Jahrhunderte, ist, »uns zu Göttern durch Teilhabe zu machen, wie er es von Natur aus ist« (MERKSÄTZE, 106[8]). *An der Seite Gottes »Gott« sein* – das ist die Zukunft, zu der hin der Mensch unterwegs ist. In der Ewigkeit vollendet, wird er wie eine jede der drei göttlichen Personen sein: so zuwendungs- und liebesfähig wie Gott, so wahr, so kreativ ... Mit den göttlichen Drei wird er in vollendeter Beziehung leben – und zugleich auch allen Menschen so vollendet zugewandt sein können, wie die Drei einander zugewandt sind.

Von dieser Zukunft her deutet Johannes vom Kreuz das Leben. Er weiß: Alles Suchen und Sehnen, Ringen und Streben des Menschenherzens ist Ausdruck eines Entwicklungsgeschehens auf dieses Ziel hin. Die Erschaffung des Menschen ist noch nicht beendet. Der Kontrast zwischen seiner jetzigen Verfasstheit und dem, was er nach biblischer Verheißung werden soll, lässt Fray Juan das Leben als einen *Prozess der »transformación en Dios«, der »Umformung in Gott hinein«* (I AUFSTIEG 4,3 u.ö.[9]) verstehen: Der Mensch erlebt mit, wie Gott ihn »nach seinem Bilde« formt (Gen 1,26), und er ist aufgerufen, dabei mitzuwirken.

Weil dieser Seelsorger um das Ziel wusste, kannte er auch den Weg: Es kommt darauf an, himmelsfähig zu werden, sich einzuleben in das bereits begonnene, auf die Vollendung hin angelegte Reich Gottes. Das heißt: *beziehungsfähig werden nach dem Maße Gottes*, beziehungsfähig zu Vater, Sohn und Geist, zu jedem Mitmenschen, zu aller Schöpfung. Darin besteht für Johannes vom Kreuz der Sinn aller Frömmigkeit, der Zweck aller »geistlichen Übungen«, der letzte Sinn aller Ethik und aller Religion. Er möchte, in zentralen Begriffen heutiger Spiritualität ausgedrückt, *Mystik* und *Geschwisterlichkeit* leben.

Das so missverständliche Wort »Mystik« meint hier das Eingehen einer persönlichen Beziehung zu Gott. Der Mystiker im Sinne Juans ist ein Mensch, der in einem Ich-Du-Verhältnis zu dem Gott lebt, an dessen verborgene Gegenwart er glaubt. Von der Erfahrung, die man mit dieser Art zu leben machen kann, sprechen alle Schriften des Heiligen.

Und »Geschwisterlichkeit« steht für die ebenso persönlich-personale Hinwendung zum anderen Menschen und zur gesamten Schöpfung, getragen von der Beziehung zu Gott. Zwar ist in den Werken des geistlichen Meisters vom Reifen in den zwischenmenschlichen Beziehungen kaum einmal ausdrücklich die Rede, doch wie seine Schriften zur Schule der Mystik geworden sind, so ist sein Leben, herausgefördert aus den Klischees herkömmlicher Hagiographie, eine Schule herzlicher Freundschaft, liebender Zuwendung zu den Mitmenschen und zur Schöpfung.

Der Weg zum Ziel besteht, anders ausgedrückt, in der *Liebe*. Dieser Grundgedanke christlicher Spiritualität findet bei Johannes vom Kreuz eine konkrete Ausdeutung. Lieben heißt für ihn: in Beziehung treten, auf Zuwendung antworten, sich einlassen auf das jeweilige Gegenüber, auf jedes Er-Sie-Es als einem Du. »Am Abend (deines Lebens und eines jeden Tages) wirst du nach der Liebe gefragt« (MERK-SÄTZE, 59[10]), pflegt er zu sagen.

Lieben heißt aber auch, *loslassen* und *hergeben,* was einer aufrichtigen Beziehung im Wege steht. Mystik und Geschwisterlichkeit bedürfen daher der *Aszese* – ein Leben lang. Aszese hat für Johannes vom Kreuz keinen Eigenwert, aber sie ist die notwendige Rückseite jener kostbaren Münze, die auf der Vorderseite Mystik und Geschwisterlichkeit, Gottes- und Nächstenliebe heißt. Aszese formt den Menschen nicht um, jedenfalls nicht auf Gott hin, doch sie ist der unumgängliche Begleiter auf dem Weg zum Heil, in die vollendete Mystik und in die vollendete Geschwisterlichkeit hinein.

Eng mit dem Namen Johannes vom Kreuz ist das Bildwort *dunkle Nacht* verbunden. Es bezeichnet jene schmerzlichen Lebensphasen, in denen der Mensch scheinbar Gott nicht mehr »erfährt«. Gerade in solchen Zeiten kann er lernen, herzugeben und loszulassen, was sich in seiner Frömmigkeit, in seinem Denken, Empfinden und Handeln als zu eng und zu unzulänglich erweist, um so zu aufrichtiger Liebe zu reifen.

Hinter diesem mystisch-aszetischen Lebensprogramm steht kein imperativisches oder gar moralisierendes »du sollst«, »du musst« und »du darfst nicht«; es ist vielmehr getragen von der Botschaft des

Evangeliums, die Fray Juan in seinem Spätwerk LEBENDIGE FLAMME DER LIEBE gleich einem letzten Vermächtnis so auf den Punkt bringt:

»Vor allem muss man wissen: Wenn der Mensch Gott sucht – viel mehr noch sucht Gott den Menschen.« (3,28) [11]

Von Gott her also besteht die Beziehung längst, und das Reich Gottes, das Reich aller Beziehung in Gott, ist schon angebrochen. Der Meister der Seelsorge ist davon überzeugt, dass Gott selbst den »Umformungsprozess« vorantreibt und ihn auch vollenden wird: Der Schöpfer bleibt dem Menschen treu als sein Vollender; er sorgt sich um ihn wie ein Verliebter um seine Geliebte – ein Bild, das vor allem den GEISTLICHEN GESANG prägt –, oder wie eine Mutter, die klug und liebevoll ihr Kind erzieht:

»Wenn sich ein Mensch entschlossen dem Dienste Gottes zuwendet, zieht ihn Gott für gewöhnlich allmählich im Geist auf und verwöhnt ihn, wie es eine liebevolle Mutter mit einem zarten Kind macht. Sie wärmt es an ihrer warmen Brust, zieht es mit köstlicher Milch und leichten, süßen Speisen auf, trägt es auf dem Arm und verwöhnt es. In dem Maße aber, wie es größer wird, hört die Mutter nach und nach auf, es zu verwöhnen, verbirgt ihre zarte Liebe und bestreicht ihre süße Brust mit bitterem Aloesaft. Sie lässt es von ihren Armen herab und stellt es auf die eigenen Füße. Es soll die Eigenheiten eines Kindes verlieren und sich größeren, wesentlicheren Dingen hingeben. Die Gnade Gottes, diese liebevolle Mutter, tut das gleiche mit dem Menschen ...« (I DUNKLE NACHT 1,2)

Dass Juan das menschliche Leben so deuten kann, verdankt er seiner tiefen inneren *Ich-Du-Beziehung zu Jesus Christus*. Mit gleicher Dringlichkeit und Entschiedenheit wie seine geistliche Gefährtin Teresa von Ávila betont er die Notwendigkeit, dass man sich dem *Mensch*gewordenen zuwenden müsse, um nicht fehlzugehen. Denn wer unser göttliches Gegenüber ist, so arbeitet er klar heraus (ausdrücklich in: II AUFSTIEG 22,5-8), lässt sich nur an Jesus von Nazaret erkennen. Am Tun und Sagen einer historisch Mensch gewordenen Person hat sich Gott offenbart; in Jesus von Nazaret kommt er mir entgegen, damit ich ihn kennen und im Erkennen lieben lerne, in ihm und in der Beziehung zu ihm dem Reich Gottes begegne und dabei ein »anderer Christus« werde, ein »Gott« an der Seite Gottes. Der Prozess der »Umformung in Gott hinein« wird so ein *Prozess der »Angleichung an den Geliebten«* (GEISTLICHER GESANG A 11,6f/B 12,7[12]), an den, der – wie bereits einige Vätertheologen sagten – »Mensch wurde, damit der Mensch Gott werde«. Geistliches Leben ist daher für Johannes vom Kreuz im Zentrum leidenschaftliches Interesse für die historische Person Jesus von Nazaret und für *seine* Mystik und *seine* Geschwisterlichkeit.

Ein altes Stück Papier, das es in sich hat

Fray Juan hatte die Gewohnheit, den Schwestern und Brüdern, die er geistlich begleitete, und den zahlreichen Christen, die bei ihm Rat suchten, ein paar Worte aufzuschreiben oder manchmal auch ein Bild zu zeichnen, damit sie noch einmal meditieren und verinnerlichen konnten, was er ihnen im Gespräch hatte ans Herz legen wollen. Leider ist keiner von diesen »Merkzetteln« – außer einem einzigen mit der Federzeichnung des gekreuzigten Christus (siehe S. 31) – im Original erhalten geblieben. Immerhin gut zweihundert »Merksätze«, die Fray Juan auf solche Zettel geschrieben hatte, sind uns mit der Gewähr der Authentizität überliefert worden[13], davon 78 sogar in einer von ihm selbst abgefassten Zusammenstellung[14].

Merkzettel zur Glaubensorientierung

Die Berg-Karmel-Skizze muss in den Jahren 1578/79 entstanden sein. Fray Juan war damals einige Monate lang Prior in El Calvario, einem gerade neu gegründeten Kloster der Reform in Andalusien im Süden Spaniens. Magdalena del Espíritu Santo, eine Karmelitin aus dem nahe gelegenen Konvent in Beas, den Juan von El Calvario aus häufig besuchte, berichtet, er habe »jeder Schwester ein Exemplar gegeben, das er selbst angefertigt hatte, damit wir es in unser Brevier legen«[15]. Weiteren Zeitzeugen nach hat er diese Skizze, auch später noch, um die 60mal eigenhändig vervielfältigt und sie persönlich an Ordensleute, Kleriker und Laienchristen verteilt. Als Fray Juan, ebenfalls in El Calvario, den AUFSTIEG AUF DEN BERG KARMEL zu verfassen begann, sollte, wie er darin schreibt, »das Bild ... zu Beginn dieses Buches« stehen (I 13,10); mehrere ausdrückliche Hinweise in diesem Werk stellen die Verbindung zu seiner Zeichnung her.[16] Der »kleine Berg« war ihm

2

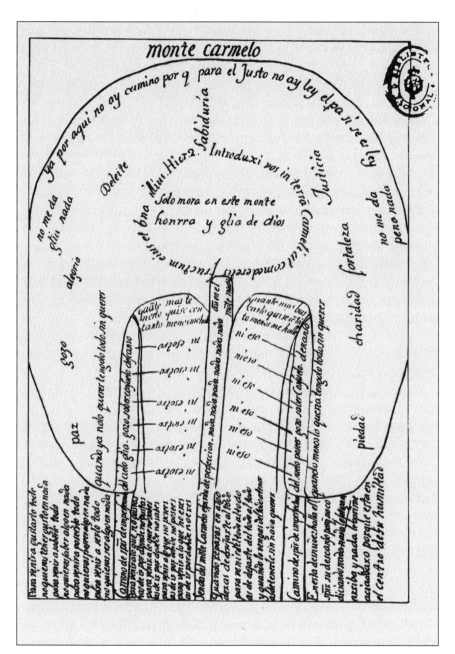

Älteste Kopie der
Originalskizze aus
dem Jahre 1759
(Kopie von Beas)

19

selbst also sehr wichtig für die Vermittlung christlicher Spiritualität; er wurde »ein erstrangiger Baustein in der Erziehungsmethode des hl. Johannes vom Kreuz« (Federico Ruiz Salvador OCD[17]).

Schon bald war sein Einlegezettel weit über die Konvente des jungen Ordens hinaus bekannt und beliebt. Immer wieder wurde er von anderen abgezeichnet und abgeschrieben. Von den vielen Nachbildungen, die noch zu Lebzeiten Juans in Umlauf gewesen sein müssen, sind fünf erhalten geblieben.[18] Sie weisen in der graphischen Gestaltung wie auch im Text allerdings erhebliche Unterschiede auf, die nur zum Teil auf Variationen durch Juan selbst zurückgehen können.

Eine dieser fünf Kopien wurde zwar erst zwei Jahrhunderte später, im Jahre 1759, angefertigt, doch handelt es sich hierbei, notariell beglaubigt und gesiegelt, um die Nachbildung eines damals noch vorhandenen Originals, nämlich des Exemplars, das Fray Juan der oben genannten Sr. Magdalena aus Beas geschenkt hatte (s. S. 19). Auf der Rückseite ist die wohl etwas vergrößerte Abschrift – sie hat hier das Format einer knappen DIN-A4-Seite (255 x 185 mm) – mit der Widmung »für meine Tochter Magdalena« versehen. Die Nationalbibliothek in Madrid hütet das kleine Schriftstück als kostbaren Schatz der spanischen Geistesgeschichte.[19]

Damit Juans Skizze auch heute wieder als *Einlege- und Merkzettel zur Glaubensorientierung* benutzt werden kann, ist diesem Buch in der hinteren Klappe ein separater Abdruck der Kopie von Beas beigefügt. Das ein wenig verkleinerte Format dürfte in etwa der Größe des ursprünglichen Originals entsprechen, das Sr. Magdalena damals in Händen hielt. Die Rückseite zeigt eine (so weit als möglich getreue) Nachbildung in deutscher Übertragung.

Ratlos vor der Skizze von Beas

Ein altes, vergilbtes Stück Papier, das es in sich hat! Auch mir ist der »kleine Berg« sehr kostbar geworden. Ich glaube, dass er eine Botschaft enthält, die es wert ist, weitergesagt zu werden. Hat man sich die Kernaussage dieses Zettels einmal zu Eigen gemacht, kann er noch heute eine Hilfe sein, um sich darüber klar zu werden, worauf es im christlichen Glauben ankommt und wovor man sich und andere bewahren sollte.

Über Jahre hin, das muss ich allerdings zugeben, konnte ich mit diesem eigenartigen Gebilde wenig anfangen. Obwohl ich mich schon lange und intensiv mit Johannes vom Kreuz und seinen Schriften beschäftigt, viele Bücher über ihn studiert und einige selbst verfasst hatte, saß ich ratlos vor der Skizze aus Beas. Sie gab mir mehr Fragen auf, als dass sie mir etwas zu sagen gehabt hätte. Gern hätte ich von meinem Ordensvater selbst gehört, wie er seine Zeichnung verstanden wissen wollte, doch eine ausdrückliche Erklärung dazu hat er uns nicht hinterlassen ...

Wertvolle Hinweise, die mir zumindest eine Ahnung vermittelten, was gemeint sein könnte, fand ich schließlich bei einigen Autoren, die die Skizze von Beas veröffentlicht und näher beschrieben hatten.[20] Eine geistlich-theologische *Gesamt*auslegung suchte ich in der einschlägigen Literatur aber vergebens.

Für die Deutung sehr ausschlaggebende Erkenntnisse verdanke ich dem Gespräch mit Sr. Elisabeth Peeters aus dem Karmel in Weimar und mit meinem Mitbruder P. Ulrich Dobhan aus unserer deutschen Ordensprovinz; beide gehören zum Übersetzerteam der Neuausgabe der Schriften Juans (im Verlag Herder; s. Literaturverzeichnis S. 94) und haben sich nicht nur gründlich mit jedem »Punkt und Komma« im Text der Kopie von Beas auseinandergesetzt, sondern darüber hinaus auch persönlich-existentiell nach der Botschaft gefragt, die dieser alte Merkzettel für uns heute enthalten mag. – Weitere wertvolle Anregungen bekam ich immer dann, wenn ich Juans Skizze in Glaubensseminaren mit katholischen und evangelischen Christen betrachtete; vor allem ein Wochenende mit den Mitgliedern der karmelitanischen Laiengemeinschaft Birkenwerder brachte ein entscheidendes Licht ins Dunkel.

Natürlich bin ich mir bewusst, dass die Deutung der Skizze, wie ich sie nun in diesem Buch vorlegen möchte, ihre Mängel haben wird und – bei allem Bemühen um Objektivität – nur *meine* Deutung sein kann. Ein Hinweis von Fray Juan selbst in seinem Vorwort zum GEIST-

LICHEN GESANG macht mir jedoch Mut, sie dennoch niederzuschreiben und weiterzugeben. Was Juan dort zur Kommentierung seiner Liedstrophen sagt, darf wohl auch für die Auslegung seines »graphischen Gedichtes« gelten:

»Da diese Liedstrophen in der Liebe überfließender mystischer Gewahrwerdung gedichtet wurden, können sie nicht richtig erklärt werden, was auch nicht meine Absicht ist, sondern ich möchte nur ganz allgemein etwas Licht darauf werfen …, damit sie sich jeder auf seine Weise und nach dem Vermögen seines Geistes zunutze mache … Die mystische Weisheit nämlich, die sich der Liebe verdankt, von der diese Liedstrophen handeln, braucht nicht bis ins einzelne verstanden zu werden, um im Menschen Liebe und Zuneigung zu bewirken; denn sie ist nach Art des Glaubens beschaffen, mit dem wir Gott lieben, ohne ihn zu verstehen.« (A/B: Vorw., 2)

Bezug nehmend auf diese Zeilen ist Federico Ruiz Salvador OCD, einer der besten Kenner der Schriften Juans, der Auffassung – die ich gern teile –, dass Johannes vom Kreuz sich einen »Lesertypus« wünsche, der »aus sich selbst heraus und auf seinem eigenen Niveau die Aussagen der mystischen Weisheit neu zu interpretieren weiß«[21]. Das ist nicht nur mir, das sei auch den Leserinnen und Lesern meines Buches gesagt.

Ein Berg?

Die Skizze aus Beas stellt uns zuallererst einmal vor eine Überraschung: Ein Berg ist darauf gar nicht zu erkennen! Wäre da nicht die Überschrift »*monte carmelo*« (Berg Karmel), würde der Uneingeweihte, damals wie heute, einen Berg wohl nicht einmal vermuten. Berge würden wir, sollten wir sie skizzieren, so zeichnen, dass man sie in der Front-Ansicht vor sich sieht, aus der Perspektive eines Betrachters also, der die Erhebung von unten bis oben, vom Fuß bis zum Gipfel vor Augen hat.

So, in der Seiten-Ansicht, dachte man sich auch den *symbolischen Berg*, den man damals gern und oft als Bild für eine religiöse Aussage verwendete.[22] Die an geistlicher Wegweisung Interessierten dieser Zeit kannten die Bergsymbolik vor allem aus dem AUFSTIEG AUF DEN BERG ZION, einem seit 1535 in mehreren Auflagen veröffentlichten Buch des Franziskaners Bernardino de Laredo, das in Spanien viel gelesen und dessen Inhalt von den Predigern sehr verbreitet wurde.[23] Fray Juan selbst war als ehemaliger Student der Universität Salamanca sicher auch mit den Werken des griechischen Dichters Hesiod (8. Jh. v. Chr.) in Berührung gekommen, der das Bergsymbol für seine Tugendlehre verwendet hatte; einige Renaissance-Theologen hatten Hesiods Lehre aufgegriffen und für die christliche Frömmigkeit aktualisiert.

Das Bild des Berges war schon durch die mittelalterlichen Jahrhunderte hindurch, neben dem der (Jakobs-)Leiter, recht verbreitet gewesen. Die Tradition solcher »Aufstiegs-«Bilder, die Fray Juan natürlich ebenfalls kannte, reicht zurück bis zu den Vätertheologen; ihre Wurzeln liegen in den biblischen Schriften selbst.[24] Doch was zunächst als *mystischer* Aufstieg beschrieben wurde, als ein Wachsen und Reifen in der Beziehung zu Gott – in der Demut und in der Liebe –, war im Laufe der Zeit, vor allem durch den starken Einfluss des neuplatonisch geprägten Pseudo-Dionysius Areopagita (5. Jh.), zum *asketischen* Aufstieg geworden. Man sah nun den »Berg« in der uns gewohnten Front-Ansicht vor sich, und der Vergleichspunkt für die geistliche Aussage wurde die beschwerliche Bergbesteigung, die mühevolle Klettertour eines Bergsteigers, der auf steil ansteigenden Wegen über Klippen und Felswände hinweg den erstrebten Gipfel zu erreichen sucht.

Geistiger Hintergrund der so verstandenen Berg- und Aufstiegs-Symbolik ist eine Auffassung, die Martin Luther in Deutschland zu Beginn desselben Jahrhunderts, in dem Johannes vom Kreuz lebte, als »Werke-Frömmigkeit« kritisiert hatte; sie war gerade im Spanien der »katholischen Gegenreform« arg ins Kraut geschossen. Auch die in den Kreisen der spanischen Alumbrados verbreitete Meinung – die heutige Esoterik hat damit manches gemeinsam –, man müsse sich nur mit Ausdauer in entsprechenden spirituellen Methoden üben, dann erreiche man den »Gipfel« göttlicher Erleuchtung, fand in solchen Berg-Bildern eine willkommene Symbolik.

Der uralte Hang zur »Werke-Frömmigkeit«

Es wird zum Verständnis der Berg-Karmel-Skizze hilfreich sein, die »Werke-« und »Methoden-Frömmigkeit« zunächst etwas näher in Augenschein zu nehmen.

Religionspsychologisch und damit in ihrer Relevanz für das geistliche Leben des Einzelnen betrachtet, hat diese Weise, mit Gott umzugehen, ihren Ursprung nicht zuletzt in der Frage: »Was muss ich tun, um angenommen zu sein?« Es ist *die* Frage des Menschen; sie bewegt uns wie kaum etwas sonst. Mehr als uns bewusst ist, prägt sie unser Leben, motiviert sie unser Handeln, unser Tun und unser Lassen; das war im Spanien des 16. Jahrhunderts so, das ist heute nicht anders. Dahinter verborgen steckt die uralte Sehnsucht, die mit jedem Kind neu in die Welt hineingeboren wird: dass jemand Ja zu mir sagt. Wir können nicht zu einem erfüllten Leben finden ohne dieses Ja, das uns zusichert: »Es ist gut, dass du da bist und dass du bist, der/die du bist.« Doch die Erfahrung lehrt – den einen mehr, den anderen weniger, den einen früher, den anderen später –, dass ein bedingungsloses Ja nicht zu haben ist. »Du bist gut, *wenn* du ...«, heißt die Botschaft, die oftmals schon in frühkindlichen Tagen zur Kenntnis genommen werden muss. Also fragt der Mensch, wortlos meist und in der Regel ohne darüber zu reflektieren, ein Leben lang – die Mutter zuerst und den Vater, den Spielkameraden und den Lehrer, den Arbeitgeber dann und den Geschäftskunden, den Geliebten schließlich, dessen Liebe ihm alles bedeutet: »Was ist es, das ich tun muss, um in deinen Augen etwas wert zu sein?« Umso bedrängender steigt diese Frage in uns auf, als wir Erwartungen enttäuscht haben oder gar schuldig geworden sind. Sie heißt dann: »Wie kann ich dein Ja zu mir wiederfinden, was kann ich/ was muss ich tun, damit ich wieder gut bin vor dir?« Und die Antwort, die wir zu hören bekommen – oder zu hören meinen – , ist immer dieselbe: »Du musst etwas vollbringen, das dich (wieder) liebenswert macht!«

Seit alters her richtet der Mensch diese Frage – so er um ihn »weiß« – auch an Gott. In der Geschichte der christlichen Glaubenstradition verbirgt sie sich unter anderem hinter der theologischen Lehre von der *Rechtfertigung*. Das für heutige katholische wie evangelische Christen kaum noch verständliche Wort leitet sich von eben dieser Frage her: *Was kann ich tun, was muss ich »fertigen«, um in den Augen Gottes (wieder) »recht« zu sein?* Die Antwort, die wir zu hören meinen, ist schnell bei der Hand, denn sie ist uns ja von Kindesbeinen an vertraut: *»Werke« musst du vollbringen, um »recht« zu sein vor Gott und um wieder »gerecht« zu werden in seinen Augen!*

»So viel Leistung – so viel Lohn!« Dieser kapitalistische Grundsatz hat seine Spielart nicht nur in den zwischenmenschlichen Beziehungen; er prägt in der Realität des Christentums weithin auch das Verhältnis zu Gott. In der Arbeitswelt mag er eine gewisse Berechtigung haben, doch im Bereich der Mitmenschlichkeit und der Religion wirkt er sich verhängnisvoll aus: Was man sich auf der Beziehungsebene durch »Werke« »erkauft« und »verdient«, hat mit dem Ja, auf das wir so angewiesen sind, um »erfüllt« und »erleuchtet« leben zu können, wenig zu tun. Das Herz bleibt leer; je nach dem Grad des persönlichen »Selbstbewusstseins« füllt es sich vielmehr mit pharisäischem Stolz oder quälendem Leistungsdruck. Schon Paulus hat alle Mühe, seinen Zeitgenossen klarzumachen, dass es bei Gott nichts zu »verdienen« gibt (vgl. vor allem Röm 3-5). Jesus selbst hatte am Beispiel des Pharisäers und des Zöllners klargestellt, wer da wirklich »als Gerechter nach Hause geht« und wer nicht (vgl. Lk 18,10-14). Auch in seinen Gleichnissen – etwa in dem vom barmherzigen Vater (Lk 15,11-32) oder in der Erzählung vom Weinbergbesitzer, der auch denen den vollen Tageslohn gibt, die nur wenige Stunden gearbeitet haben (Mt 20,1-16) – hat Jesus deutlich gemacht, dass Gottes Gerechtigkeit mit dem Lohn-Leistungs-Prinzip wenig gemein hat. Später wurde durch das Lehramt der Kirche jede Art von *Leistungsfrömmigkeit* als Häresie verurteilt: im 5. und noch einmal im 16. Jahrhundert als Pelagianismus zum Beispiel, oder im 17. und 18. Jahrhundert als

Jansenismus ... Aber der Mensch neigt wohl zu allen Zeiten dazu, sich lieber etwas – auch das Kostbarste: das liebende Ja Gottes – durch Leistung zu verdienen, als es sich *schenken* zu lassen. Man weiß dann im Übrigen, was man geleistet oder wieder gutgemacht hat, und das gibt ein gewisses Gefühl von »Sicherheit«. Darum sprießt diese Frömmigkeitshaltung, verbunden mit all ihren unheilvollen Praktiken, wie das Unkraut im Weizen (vgl. Mt 13,24-30) immer wieder aus dem Boden.

Die berechtigte Kritik Martin Luthers an der »Werke-Frömmigkeit« und »Werkgerechtigkeit« seiner Zeit hat leider zu einer lang andauernden Kontroverse zwischen der protestantischen und der römisch-katholischen Konfession geführt. Aus heutiger Sicht haben beide Seiten einander missverstanden. Dem *»allein aus Gnade (sola gratia)«* *sind wir (ge)recht vor Gott* und dem *»allein durch Glauben (sola fide)« können wir das Geschenk seiner Liebe und seiner Vergebung annehmen*, wie der Reformator mit Paulus betont hatte, standen, so schien es den katholischen Theologen, die »Werke« entgegen, die den biblischen Schriften nach – voran das Matthäusevangelium[25] – doch ebenfalls zur Glaubensexistenz des Menschen gehören müssen! Ist demnach Gottes Ja zu mir nicht doch von meinen Leistungen abhängig? Haben nicht doch diejenigen Recht, die ihren Mitmenschen immer wieder die Klettertour zum Berggipfel hinauf vor Augen halten möchten?

In der GEMEINSAMEN ERKLÄRUNG ZUR RECHTFERTIGUNGSLEHRE, die am 31. Oktober 1999 vom Lutherischen Weltbund und von der Römisch-Katholischen Kirche in Augsburg unterzeichnet wurde, konnte endlich klargestellt werden, dass die »Werke« – worum auch immer es sich handelt – nicht die *Bedingung* zum Ja Gottes zu uns Menschen sind; vielmehr, so kam man überein, *ermöglicht* uns erst Gottes Ja, dass wir die Ärmel hochkrempeln und »Werke« in seinem Geist tun. Die zentrale Stelle in diesem Text, der für die Zukunft der Ökumene in der einen Kirche überaus bedeutungsvoll sein dürfte, lautet:

»Gemeinsam bekennen wir: Allein aus Gnade im Glauben an die Heilstat Christi, nicht auf Grund unseres Verdienstes, werden wir von Gott

angenommen und empfangen den Heiligen Geist, der unsere Herzen erneuert und uns befähigt und aufruft zu guten Werken.« (Art. 15[26])

Wache Christen, die ihr Leben an der Frohbotschaft Jesu orientierten, haben natürlich, in der einen wie in der anderen Konfession, schon immer um diese Sicht gewusst. Zu ihnen gehört Johannes vom Kreuz. Wie er zu der uralten, im Spanien seiner Zeit geradezu rigoristisch ausgeprägten »Werke-Frömmigkeit« steht und was er als Theologe und Seelsorger unternimmt, um Ordenschristen, Priester und Gläubige aus dieser so verständlichen und doch so destruktiv sich auswirkenden Fehlhaltung herauszuführen, davon sprechen alle seine Schriften, auch und besonders seine Berg-Karmel-Skizze. Allein schon *die graphische Grundgestalt* der Zeichnung kann uns zeigen, was »Rechtfertigung« im biblischen Sinne meint.

Die graphische Grundgestalt

Einen Berg in Front-Ansicht finden wir auf Juans Skizze nicht. Es ist, als wollte der in den geistlichen Dingen erfahrene und klarsichtige Karmelit der ganzen Zunft der »frommen Bergbesteiger« mit schelmischer Freude ein Schnippchen schlagen. Statt einen ordentlichen Berg zu zeichnen, wirft er mit ein paar Strichen ein eigenartiges Gebilde hin, das den Betrachter irritiert fragen lässt: Und das soll ein Berg sein? Ja, das soll ein Berg sein, wird Fray Juan dann denen erklärt haben, die nun aufhorchten und neugierig wurden: Aber wenn schon Berg, dann ist nicht der mühsame Aufstieg das authentische Bild christlicher Frömmigkeit, sondern *das herrliche Erlebnis, auf einem Gipfel zu stehen*! Denn im Leben mit Gott zählt nicht zuerst die Aszese, nicht die heroische Leistung und schon gar nicht die Kenntnis ausgefeilter »Kletter«-Methoden!

Nicht Steilwand, sondern Gipfelplateau

Was Juan da aufs Papier gebracht hat, ist der *Gipfel* eines Berges. Und auch sein Berggipfel unterscheidet sich sehr von der uns sonst vertrauten Darstellungsform. Nicht eine schmal auslaufende, sich nach oben hin verengende Bergspitze hat er gemalt, sondern das *großflächige Gipfelplateau* eines Tafelberges. Der Betrachter sieht es zudem wie aus der Vogelperspektive, *im Draufblick von oben her* vor sich liegen. In weit ausholendem Bogen, der fast das ganze Blatt ausfüllt und sogar den Bildrahmen sprengt, deutet der Zeichner eine *weite Hochebene* an, auf der man sich frei bewegen und in alle Richtungen laufen, auf der man springen und tanzen kann. Auf dieses Plateau, nicht auf die steilen Bergwände, lenkt Johannes vom Kreuz die Aufmerksamkeit seiner Merkzettel-Leser.

3

Den Berg Karmel, der in Wirklichkeit ja ein langgestreckter Gebirgszug ist (siehe Foto auf dem Umschlag), haben Juan und wohl auch alle, für die er seine Skizze zeichnete, nie gesehen. Aber die Erfahrung, hoch oben auf dem Gipfel eines Tafelberges oder auf einer Hochebene zu stehen, von dort in die Weite zu blicken und die Schönheit der Landschaft zu genießen, manchmal sogar über den Wolken zu sein, »wo die Freiheit wohl grenzenlos ist« (Reinhard Mey), hat Juan auf seinen vielen Fußmärschen durch Kastilien und Andalusien oft gemacht; sie wird auch den meisten seiner Landsleute vertraut gewesen sein. Nicht der mühevolle Aufstieg des Steilwand-Kletterers, sondern ein solches Gipfelerlebnis ist der Vergleichspunkt für die Aussage, die Juan mit seiner Zeichnung machen will. Die *Erfahrung von Weite, Schönheit und Freiheit* will er in Erinnerung rufen, um seine Spiritualität, die christliche Art, das Leben zu leben, den Merkzettel-Betrachtern nahe zu bringen.

Auch Juan hat *Wege* in seine Skizze eingezeichnet. Doch der Betrachter sieht sie nicht als schwer überwindbare Strecke im Anblick des hoch aufragenden Bergmassivs vor sich, erst recht nicht aus der Respekt und Angst einflößenden Perspektive am Fuße des Riesen, die dem Ungeübten jeden Mut nehmen kann. Fray Juan hat sie vielmehr, wie später noch zu zeigen sein wird, auf die Gipfelfläche selbst platziert; es handelt sich, meiner Meinung nach, um Wegsymbole *auf* dem Gipfelplateau, nicht um Wege zum Gipfel hinauf – derart jedenfalls, dass nicht ein mühevoller Aufstieg zur Hauptaussage des Bildes wird, sondern das herrliche Gipfelerlebnis sein zentraler Inhalt bleibt. Die Botschaft der Zeichnung heißt also nicht: Streng dich an, damit du zu den wenigen gehörst, die es schaffen, den Gipfel zu erreichen! Es ist eher, als wolle der Zeichner sagen: *Wunderbar ist es dort oben, und auch du kannst dort leben ...*

Hier spricht nicht ein Prediger rigoristischer Leistungsfrömmigkeit, erst recht nicht ein Guru esoterischer Erleuchtungswege – hier möchte einer, der in der Nachfolge Jesu den Reichtum des Lebens gefunden hat, seine Glaubenserfahrung teilen, damit auch andere finden, was ihm selbst so kostbar geworden ist. Das Bergplateau, oder besser: die Erfahrung, auf einer solchen Berghöhe zu sein, steht hier für die Schönheit und Weite des Reiches Gottes, von dem Jesus sagt, dass es schon »mitten unter euch« ist (Lk 17,21). In dieses *Reich Gottes* möchte der Seelsorger Johannes vom Kreuz seine Mitmenschen führen.

»Perspektivenwechsel«

Mitten in der Welt des abendländisch-religiösen Denkens, das – oft weit entfernt von seinem christlichen Ursprung – immer geneigt ist, Religion einseitig und vorrangig als *Weg des Menschen zu Gott* zu verstehen und die Frömmigkeitspraxis nach dem (pelagianischen) Schema »so viel Verdienst – so viel Gnade« auszurichten, überrascht Fray Juan mit einem »Perspektivenwechsel« (Erika Lorenz[27]), mit einer Sicht des Glaubens aus einer ganz anderen Perspektive. Er zeigt das gewohnte Bergsymbol aus dem Blick von oben her, gewissermaßen *aus der Perspektive Gottes*. So hatte er einige Jahre früher, als er Spiritual in dem von Teresa geleiteten Menschwerdungskloster in Ávila war (1572–1576), schon den gekreuzigten Christus dargestellt. Die kleine Federzeichnung (s. S. 31), die erst 1926 wieder aufgefunden wurde, lässt den Betrachter ebenfalls wie seitlich von oben her auf den am Kreuz Hängenden schauen, die Blickrichtung Gott-Vaters andeutend, als wolle der Zeichner sagen: Was am Kreuz auf Golgota geschehen ist, wirst du erst zu verstehen beginnen, wenn du *von Gott her* denkst.[28]

Sich selbst und sein »geistliches Leben«, die Welt, die Mitmenschen und die Wahrheiten des Glaubens von Gott her denken – das ist es, was man *vor allem* tun muss, damit die Suche nach Heil nicht unversehens zu einem Weg ins Unheil wird: »Vor allem muss man wissen: Wenn der Mensch Gott sucht – viel mehr noch sucht Gott den Menschen« (Lebendige Flamme 3,28). In dieser so ganz anderen Perspektive steht nicht die Sorge des Menschen um seinen Weg zu Gott im Zentrum des Glaubens, sondern die Botschaft vom *Weg Gottes zum Menschen*. In der Frömmigkeitspraxis geht es dann nicht um Leistung und Verdienst, sondern allein darum, die Botschaft Jesu zu

*Der gekreuzigte
Christus, Federzeich-
nung von Johannes
vom Kreuz
(um 1575)*

31

hören und aufzunehmen und *ihm die Liebe zu glauben, die Gott zu uns hat.* Denn: »Nicht darin besteht die Liebe, dass wir Gott geliebt haben, sondern dass er uns geliebt ... hat« (1 Joh 4,10). – Hans Urs von Balthasar schreibt in einer Studie über Johannes vom Kreuz:

»Die mittelalterlichen Wege zu Gott waren zumeist ‚Aufstiege': Leitern, die durch kunstvolle Aneinanderreihung von seelischen Akten und Zuständen – aktiven Verzichten und kontemplativen Haltungen – eine Annäherung an das Gottgeheimnis versprachen. So sehr Juan de la Cruz von der Tradition lebt und sogar ganze Teile solcher Aufstiegsschemen in sein Werk aufnehmen kann (wie die ‚decum gradus amoris sec. S. Bernardum' des Ps.-Thomas von Aquin), seine Kritik aller Akte und Zustände stellt ihn jenseits dieser Aufstiegswege.«[29]

Juan hat seine Berg-Skizze – ich möchte sie fortan lieber *Gipfel-Skizze* nennen – so gezeichnet, dass man die Blickrichtung wechseln muss, um sie deuten zu können. Nur wenn der Betrachter die gewohnte Sichtweise ändert, wenn er, statt um »Werke« und »Methoden« besorgt zu sein, sich auf diese so ganz andere Perspektive einlässt, wird er die Botschaft des »kleinen Berges« verstehen können – und darin die Ursprünglichkeit der Frohbotschaft Jesu wiederfinden.

Die Verfälschung

Von dieser Glaubensperspektive her will Juan auch sein Buch verstanden wissen, das er in Anlehnung an die Vorgänger in der religiösen Literatur seiner Zeit – und damit in Abgrenzung gegenüber ihren Lehren – AUFSTIEG AUF DEN BERG KARMEL nannte (eigentlich: »Dunkle Nacht des Aufstiegs auf den Berg Karmel«, denn es war von ihm wohl zusammen mit der DUNKLEN NACHT als Einheit konzipiert worden[30]). Um das Werk in seiner ursprünglichen Aussageabsicht verstehen zu können, ist es wichtig, in Erinnerung zu behalten, dass ihm der Autor die Berg-Karmel-Skizze vorangestellt wissen wollte, gleichsam als Schlüssel zum Verständnis des Ganzen. Leider ist dieses Buch über

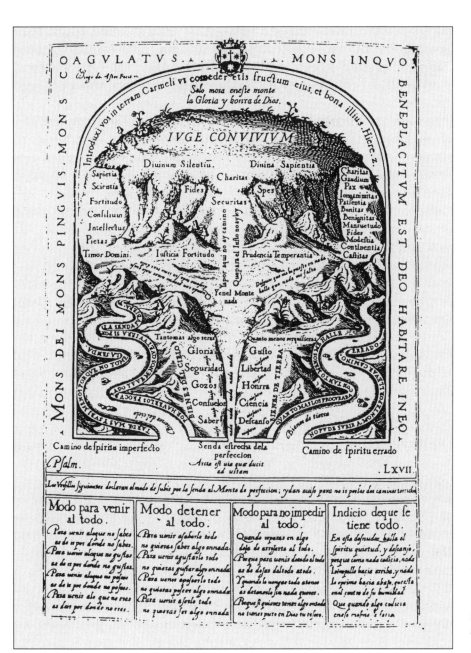

Nachbildung der Berg-Karmel-Skizze von Diego de Astor in der ersten Ausgabe des Buches AUFSTIEG AUF DEN BERG KARMEL *(1618)*

die Jahrhunderte hin mit einem anderen, der Intention Juans ganz entgegengesetzten Schlüssel gelesen worden. Denn seinem Wunsch wurde zwar entsprochen, als das Manuskript 1618, fast vierzig Jahre nach seinem Tod, zum ersten Mal im Druck erschien, jedoch wurde dafür nicht ein Original, sondern eine Radierung des El-Greco-Schülers *Diego de Astor* verwendet (s. S. 33). Aber der in öffentlichem Ansehen stehende Graveur der Königlichen Münze war wohl – ebenso wie die Oberen des Karmelitenordens, die ihn beauftragt hatten – zu sehr vom Geist der »Werke-« und »Methoden-Frömmigkeit« geprägt, als dass er das Anliegen Juans hätte verstehen können.

Diegos Darstellung orientiert sich an den gewohnten Vorbildern: Er zeichnet einen klassischen Berg in der Frontal-Ansicht und lässt den Betrachter von unten her auf den zu bewältigenden Aufstieg schauen. »Eine Überladung mit lateinischen Sinnsprüchen«, schreibt Sr. Elisabeth Peeters, »sowie subtile Änderungen im Aufbau der Zeichnung ließen viel von der ursprünglichen Klarheit und Aussagekraft verlorengehen«[31] – ganz abgesehen davon, dass der königliche Graveur, so das Urteil des belgischen Kunstsachverständigen Michel Florisoone, Juans Skizze zwar technisch perfekt, aber »schwerfällig« nachgebildet hat; »die gestaffelten Hügel, die Bäume, die Pflanzen, das Wappen – alles ist schulmeisterlich theoretisierend, pedantisch und übertrieben dargestellt, was jede künstlerische Beurteilung ausschließt und von der Art des Johannes vom Kreuz weit entfernt ist.«[32]

In dieser Gestalt hat der »Berg der Vollkommenheit«, wie man die Skizze nun nannte, über mehr als drei Jahrhunderte hin die gesamte Glaubenssicht des hl. Johannes vom Kreuz und damit die Wesenszüge der karmelitanischen Spiritualität verfälscht und »vermurkst« – und die Christenheit ist um eine wertvolle Hilfe zur *Unterscheidung der Geister auf dem Weg des Glaubens* gebracht worden. Viele gutwillige Schwestern und Brüder in den Klöstern und in der Laiengemeinschaft des Karmelitenordens wurden so wiederum in eine (zum Teil sehr pedantische und rigoristische) »Werke-Frömmigkeit« geführt, mit der sie sich und anderen das Leben schwer machten. Noch in einem 1987 veröffentlichten Buch – dem meines Wissens einzigen, das eine relativ ausführliche Auslegung der Berg-Karmel-Skizze für das geistliche Leben versucht – hat ein spanischer Karmelit, der inzwischen verstorbene P. Efrén de la Madre de Dios, die Auffassung vertreten, in der Darstellung des Diego de Astor käme die »Synthese (der Lehre Juans) besser als in der ursprünglichen Zeichnung (von Beas)« zum Ausdruck[33]; so musste er folgerichtig zu einer meines Erachtens einseitigen, stark aszetisierenden Deutung des geistlichen Vermächtnisses der beiden Kirchenlehrer Teresa von Ávila und Johannes vom Kreuz gelangen.

Umso notwendiger ist es, dass wir auch in diesem Fall – wie Pius XII. bereits vor dem Zweiten Vatikanischen Konzil sagte – »zurück zu den Quellen« gehen. In der Originalgestalt des »kleinen Berges« finden wir einen verlässlichen Wegweiser in authentisches Christsein.

Das Gipfelplateau

Nicht auf die Bergbesteigung, sondern auf den Gipfel lenkt Johannes vom Kreuz die Augen seiner Merkzettel-Leser. Und der Gipfel, so sahen wir, hat nicht die gewohnte Gestalt einer Bergspitze, sondern stellt – im Draufblick von oben betrachtet – ein großflächiges Plateau dar. Selbst die sinnentstellende Radierung des Diego de Astor hat noch ein wenig von der Größe und Weite des Berggipfels bewahrt.

»Mein Geliebter – die Berge«

Ein Kalksteinhügel, auf dessen Anhöhe eine ganze Kleinstadt Platz gefunden hat, könnte Johannes vom Kreuz zu seinem Gipfel-Bild inspiriert haben.[34] Wie ein Storchennest thronte das schon von den Mauren errichtete Iznatoraf, eine Ortschaft mit 340 Häusern, umgeben von einer Stadtmauer mit acht Schanzen und neun bogenförmigen Toren, auf der weithin sichtbaren Erhebung. Mindestens einmal hat Fray Juan vor dieser imposanten Silhouette gestanden und die »Stadt auf dem Berge« selbst erlebt, als er aus dem fünfzehn Kilometer entfernten Kloster El Calvario hierher gerufen wurde, um, so der Bericht eines Mitbruders, »einen Besessenen zu beschwören«[35]. Vielleicht war es aber auch das hohe Felsmassiv in unmittelbarer Nähe des Konventes von El Calvario, das beim Zeichnen der Gipfel-Skizze »Modell gestanden« hat[36]:

Das beeindruckende Naturgebilde mit seiner großräumigen Hochfläche, das heutige Israelpilger eher an Massada als an das Karmelgebirge erinnern mag, konnte Fray Juan sogar vom Fenster seiner Klosterzelle aus sehen, als die ersten Originale des »kleinen Berges« entstanden.

4

Wie auch immer: Gerade die Gebirgswelt im Süden Spaniens mit ihren weiten Höhenzügen, die Juan in diesen Jahren auf vielen Reisen immer wieder durchwanderte – er hat als Provinzvikar von Andalusien im Durchschnitt täglich 15 Kilometer zu Fuß zurückgelegt –, bot genügend Gelegenheit, zu seiner plateauförmigen Gipfel-Darstellung angeregt zu werden. Fray Juan, der, wie mehrfach bezeugt, ganze Teile des Ersten und des Zweiten Testaments auswendig kannte, mag dabei auch an Bibelstellen wie diese gedacht haben, die wohl das Ihre zu seiner Skizze beigetragen haben: »Ein Gottesberg ist der Baschanberg, ein Gebirge, an Gipfeln reich, ist der Baschan. Warum blickt ihr voll Neid, ihr hohen Gipfel, auf den Berg, den Gott sich zum Wohnsitz erwählt hat?« (Ps 68,16f).

Doch, wie schon gesagt, nicht das Gipfelplateau selbst, sondern *das Erlebnis, auf einer solchen Berghöhe einherzuwandern*, ist zum Bild für die zentrale Aussage des Merkzettels geworden.

Wie sehr Johannes vom Kreuz von solchen Gipfelerfahrungen geprägt war, kommt besonders deutlich in seinem Buch zu den Strophen des GEISTLICHEN GESANGS zum Ausdruck. Dort schreibt er: »*Die Berge haben Höhen – im Überfluss reich sind sie, weit, schön, voller Reiz, blumenübersät und von Duft erfüllt*« (A 13,6; B 14,6). Auf diese knappe, klangvolle, geradezu poetisch verdichtete Erlebnisschilderung folgt ein Satz, der erkennen lässt, was ihm die Erfahrung auf den Berghöhen geistlich bedeutete: »*Diese Berge – das ist mein Geliebter für mich.*« Die beiden Sätze sind sein Kommentar zur ersten Zeile zweier Verse, in denen der »Sänger der Liebe« (Walter Repges[37]) die Taube aus der Arche Noachs, die in ihrem »hohen Flug« (A 12,7; B 13,8) mit der Blickrichtung Gottes vereint auf die Schöpfung schaut, singen lässt:

Mi Amado, las montañas,	*Mein Geliebter – die Berge,*
los valles solitarios nemorosos,	*die stillen Täler, reich bewaldet,*
las ínsulas extrañas,	*die Inseln voller Wunder,*
los ríos sonorosos,	*die rauschenden Bäche,*
el silbo de los aires amorosos,	*das Säuseln liebkosender Lüfte,*

la noche sosegada	*die Nacht im Frieden*
en par de los levantes	*vor dem Anbruch*
de la aurora	*des Morgens,*
la música callada,	*der Klang der Stille,*
la soledad sonora,	*der Einsamkeit beredtes*
	Schweigen,
la cena que recrea	*das Mahl am Abend, das*
y enamora	*erquickt und Liebe weckt ...*[38]

Der *Geliebte* – das ist in den Gedichten und Prosawerken Fray Juans der Gott, der seinem Leben eine neue Qualität gegeben, der es, vergleichbar der Erfahrung beim Durchwandern eines Bergplateaus, »im Überfluss reich ..., weit, schön, voller Reiz ...« gemacht hat.

Eine Lebensqualität im Hier und Heute – »allein aus Gnade«

In der Sprache der geistlichen Tradition nennt Juan dieses Leben »unión con Dios«. Im Deutschen kann dieser alte Begriff aus der Theologie der christlichen Mystik – lateinisch »unio cum Deo« oder »unio mystica« – sowohl *Einssein* als auch *Einigung* mit Gott bedeuten, je nachdem, ob im Textzusammenhang mehr das Eins-*Sein* oder das Eins-*Werden* betont ist; in der Neuausgabe der Werke Juans hat ihn das Übersetzerteam, um beide Aspekte in einem Wort zu verbinden, mit *Einung* wiedergegeben. Mit diesem Begriff deutet Fray Juan das Bergplateau seiner Skizze. Er möchte den »Gipfel des Berges« verstanden wissen als »die hohe Verfassung der Vollkommenheit ..., die wir hier Einung des Menschen mit Gott nennen« (AUFSTIEG, Absichtserklärung).

»*Einssein mit Gott*«: Gemeint ist nicht die Vollendung nach dem Tod, wie es die in Großbuchstaben auf den Gipfel gesetzten Worte »IUGE CONVIVIUM« – ein lateinischer Begriff für das »himmlische Gastmahl« – auf der Berg-Darstellung von Diego de Astor suggerieren. Gemeint ist vielmehr eine Lebensform, die jetzt schon möglich ist, *eine Lebensqualität im Hier und Heute*, die freilich im ewigen

Leben ihre unausdenkbare Steigerung und Vollendung finden wird. An der Ursprünglichkeit und Authentizität dieser Deutung besteht kein Zweifel, spricht doch Juan bereits auf den ersten Seiten des Aufstiegs ausdrücklich von der »Einung mit der Liebe Gottes ..., sofern das in diesem Leben (!) möglich ist« (Vorwort, 1), und beginnt das Buch mit den Worten: »Diese Schrift handelt davon, wie sich ein Mensch bereit machen kann, um bald (!) zur gottgewirkten Einung zu gelangen« (Tit.). Er muss diesbezüglich wohl des Öfteren dem Unverständnis mancher Zeitgenossen begegnet sein, da er sich genötigt sieht, bei der Überarbeitung seines Spätwerkes Lebendige Flamme der Liebe (Fassung B) die Bemerkung einzufügen: »... Und man darf es nicht für unglaubhaft halten, dass sich bei einem Menschen in diesem Leben (en esta vida) erfüllt, was der Sohn Gottes versprochen hat« (1,15).

Gemeint ist auch nicht eine am »Endziel« (Efrén de la Madre de Dios[39]) eines entbehrungsreichen Lebens zu erlangende Belohnung, nicht eine durch eigene Werke und Anstrengungen verdienbare oder gar machbare »übernatürliche Erfahrung« auf »mystischen Höhen«, wie es aszetisierende Auslegungen des »Berges der Vollkommenheit« den Lesern nahelegten. Das Gipfelplateau steht vielmehr für eine »unión *divina* con Dios«, für eine »*gottgewirkte* Einung mit Gott«, wie Juan immer wieder betont (II Aufstieg 8/Titel u. ö.) – für eine Lebensqualität also, von der Paulus sagt, dass wir sie, »ohne es verdient zu haben« und »allein aus Gnade« (Röm 3,24), immer schon geschenkt bekommen haben. Auch daran lässt Johannes vom Kreuz keinen Zweifel: In der von ihm beabsichtigten Betrachtungsperspektive der Skizze weist Gott selbst, verborgen gegenwärtig wie »von oben« her, auf das Gipfelplateau. Und es ist, als wolle Gott mir sagen: *Schau auf diese Höhe, komm in ihre Schönheit und Weite, lass dir schenken, was ich für dich bereitet habe ...*

Johannes vom Kreuz hat ein Bibelzitat gewählt, um dieser Einladung Stimme zu verleihen. In Kreisform, die Größe und Herrlichkeit der Worte unterstreichend, und im feierlich-klangvollen Latein der Vulgata-Übersetzung, die damals die Autorität eines Urtextes hatte, schreibt Juan in die Mitte der weitflächigen Hochebene: »*Introduxi*

vos in terram Carmeli ut comederetis fructum eius et bona illius.«⁴⁰
Es ist ein Ausspruch – vom Propheten Jeremia Gott selbst in den Mund gelegt –, der den ersten Adressaten der Gipfel-Skizze, den Karmeliten und Karmelitinnen, sehr vertraut war: »*Ich* (Gott) *habe euch in das Land des Karmel geführt, damit ihr seine Frucht und seine Güter genießt*« (Jer 2,7).

In diesem »Land«, in das Gott »geführt *hat*«, nicht bei Erfüllung bestimmter Auflagen führen *wird*, zählt nicht die Ehrwürdigkeit des »guten Christen«, der immer treu und eifrig in seinen »geistlichen Übungen« gewesen ist: »*Nichts verleiht mir Ruhm*«, schreibt Fray Juan auf das Gipfelplateau. Und im Kreisrund der göttlichen Einladung, die Früchte und Güter des an Überfluss reichen Berglandes zu genießen, steht unübersehbar der Satz: »*Auf diesem Berg wohnt allein Gottes Ehre und Ruhm.*«

Leben auf dem Bergplateau der Liebe

Juans Gipfel-Skizze – und so auch sein gesamtes Schrifttum – lenkt die Aufmerksamkeit auf eine Lebensweise, von der Jesus im Johannesevangelium sagt: »Ich bin gekommen, damit sie das Leben haben und es in Fülle haben« (Joh 10,10). Für dieses »*Leben in Fülle*« steht das weit ausladende, den Zettelrand sprengende Bergplateau. Es ist das Leben in der Freiheit und Weite des Geistes Gottes, von der es im Brief an die Galater heißt: »Zur Freiheit hat uns Christus befreit. Bleibt daher fest und lasst euch nicht von neuem das Joch der Knechtschaft auflegen!« (Gal 5,1).

Die »Früchte des Geistes«, die Paulus dort aufzählt (Gal 5,22f), wenigstens die ersten drei davon, schreibt Juan – als »Frucht und Güter« im »Land des Karmel«, wie das Jeremia-Zitat sagt – auf die weite Ebene der Berghöhe: »*Liebe, Freude, Friede*«; dazu noch »*Genuss*«, »*Wonne (Glückseligkeit)*«, »*Weisheit*«, »*Gerechtigkeit*«, »*Stärke*« und »*Frömmigkeit*«. Es sind Worte, die sich freilich nur dem erschließen werden, der – wenigstens ein wenig, wenigstens ahnend – die Erfahrung kennt, die sie bezeichnen; der durch die Art von »*Fröm-*

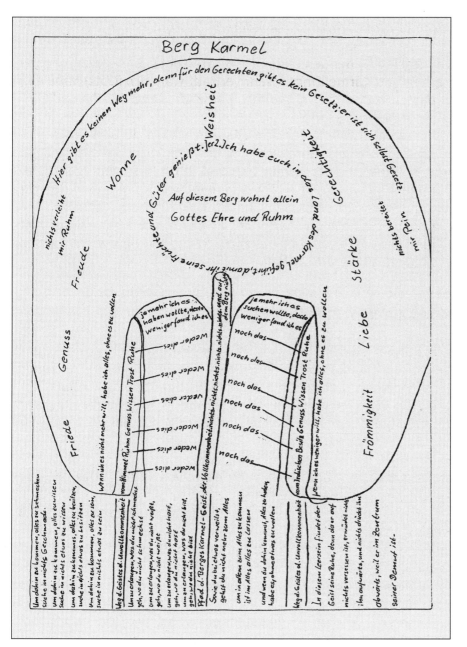

Deutsche Übertragung der Berg-Karmel-Skizze, dem spanischen Original nachgestaltet (R. Körner)

41

migkeit«, wie Johannes vom Kreuz sie versteht, in ihren *»Genuss«* gekommen ist. Sie müssen sonst Worthülsen, nichtssagende fromme Worte bleiben ...

Aber Juan weiß, warum er sie seinen Merkzettel-Betrachtern zumutet. Wie jede gute Poesie, so will auch dieses »graphische Gedicht« Erfahrungen wachrufen, die bereits in uns schlummern, die nur auf Worte warten, um wiedererkannt, um geweckt, zum Leben erweckt zu werden. Denn nach dem Gottesbild Juans sind uns die »Früchte des Geistes« schon gegeben; und nach seinem Menschenbild muss das »Einssein mit Gott« nicht erst erworben werden, es ist – von Gott her betrachtet – immer schon da, so dass Gott mit seinen Gaben »in jeglicher Menschenseele, und sei es die des größten Sünders der Welt, wesenhaft wohnt und gegenwärtig ist« (II Aufstieg 5,3).

Die spirituelle Grunderfahrung, zu der Johannes vom Kreuz hinführen möchte, ist deshalb, so wird er in seinem Spätwerk erklären, zuerst und vor allem anderen ein »Erwachen Gottes in der Seele ...« – und hier verbessert er sich sogleich – »... nein, ein Wachwerden der Seele« (Lebendige Flamme 4,3-6), ein *Wachwerden des Menschen* für die tiefste Wahrheit über sein Wesen: *dass das Ja Gottes unverbrüchlich über meinem Leben steht, selbst dann noch, wenn ich zum »größten Sünder der Welt« werden würde.* Dieses Erwachen, so kommentiert Hans Urs von Balthasar den doctor mysticus, »verschafft Gott jenes noetische und existentielle Übergewicht, das er ontisch schon immer hat«[41].

Weil Fray Juan davon überzeugt ist, kann er sich die Kühnheit leisten, seinen Mitmenschen nicht den »steilen Pfad« der Aszese einzuhämmern, sondern ihnen gelassen und entschieden das *Bergplateau der Liebe* zu zeigen. Es liegt dann freilich an mir, ob ich bereit bin, die Perspektive zu wechseln, die eigenen Worte erst einmal zu lassen und das Ja-Wort des Gottes, der sich in Jesus von Nazaret offenbart hat, zu hören – damit auch in mir wach werden kann, was nur darauf wartet, gelebt zu werden.

Der Weg: Lebensgemeinschaft mit Gott

Was heißt das alles konkret? Wie zeigt sich dieses »Einssein mit Gott« im konkreten Alltagsleben eines Menschen von heute? – Es würde meines Erachtens nicht viel bringen, auf diese Frage mit näheren Beschreibungen zu antworten. Manches im Leben lernt man nicht dadurch kennen, dass man davon liest und hört, man muss es, im ursprünglichsten Sinn des Wortes, er-*fahren*. Das Plateau muss durchwandert werden, will man seine Schönheit und Weite kennenlernen. Zum Losgehen also und zum Wandern lädt die Gipfel-Skizze ein ... Denn was Johannes vom Kreuz »Einung mit Gott« nennt, ist nicht Status, sondern *Weg*. Im Vorwort zum AUFSTIEG spricht er ausdrücklich vom »*Weg* der Gotteinung«, und immer wieder wird in seinen Werken vom »*Weg* der Einung«, vom »*Weg* der gottgewirkten Einung« und vom »*Weg* der Liebeseinung« die Rede sein. Schon das Wort »unión« selbst meint, wie bereits gezeigt, Eins-*Sein* wie auch Eins-*Werden*. Die »Einung mit Gott« ist ein *Einssein im Prozess der Einigung*. Das Gipfelplateau beschreibt also nicht das Ziel eines Weges, sondern einen *angezielten Weg*.

Mit anderen Worten: Das Gipfel-Leben selbst ist der *Weg*, zu dem Juans Gott den Menschen einlädt, der Weg aus der anderen Perspektive, der uns – vor allen menschlichen Wegen – von Gott her angeboten ist. Es ist der *Weg der Lebensgemeinschaft mit Gott*, getragen von dem Vertrauen, dass Gott uns in Liebe zugewandt ist, dass er »eins« mit uns ist.

Die *Wege*, die am »Berghang« der Skizze zu sehen sind, wollen, wie noch näher zu zeigen sein wird, lediglich darauf hinweisen, wovor man sich hüten muss, will man zu dieser Lebensart finden. Auch der »schmale Pfad« in der Mitte spricht nur von den Bedingungen dieses eigentlichen Weges; Juan hat ihn nur deshalb eingezeichnet, um vor den *Holzwegen der Spiritualität* zu warnen, weil sie an der »Höhe« vorbeizielen, zu der der Mensch von Gott befähigt ist. Die christliche Art, Mensch zu sein, ist das Abenteuer – das »vollkommene Abenteuer«, sagt Hans Urs von Balthasar[42] –, sich auf einen Weg einzulassen, den

»... Gott selber mit der Seele geht, auf dem alle ›Technik‹ überholt wird vom Gnadenhandeln Gottes, während die Seele nur aktiv die Hindernisse wegräumt und der Seelenführer die Wege für Gott frei macht.«[43]

Es ist das Abenteuer, zu glauben, dass ich »recht« bin für Gott – allein deshalb, weil er mich liebt. Dieser Glaube allein macht zu »Werken« fähig, die aus seinem Geist sind.

Der Schritt auf dem Weg: »liebende Achtsamkeit« zu Gott hin ...

Einen Weg muss man *gehen*, auch dann, wenn dieser Weg vorbereitet ist und ein anderer ihn mitgeht. Ich muss mich *einlassen* auf das Abenteuer, zu dem ich eingeladen werde. *Gehen* und *Sich-Einlassen* sind Worte für eine menschliche Aktivität. Worin aber besteht die Aktivität – in der Sprache der Rechtfertigungslehre: das »Werk« – auf dem Weg der Einung? Was heißt hier »gehen« und »sich einlassen« konkret?

Durchforsten wir die Schriften Juans, findet sich nur eine »Aktivität«, auf die wir ausdrücklich und immer wieder aufs Neue verwiesen werden: die *»advertencia amorosa«*, die *»liebende Achtsamkeit«* (II Aufstieg 12,8 u. ö.[44]). Alle anderen Aktivitäten, von denen er freilich ebenso häufig spricht, beziehen sich entweder auf das Loslassen und Verlassen falscher und ungenügender Wege, die daran hindern, sich einzulassen und loszugehen, oder sie beschreiben konkrete Ausdrucksweisen dieser »liebenden Achtsamkeit«, wie das Beten, das Meditieren, das Ruhen in Gott und das Handeln mit Gott.

Das spanische Wort »ad-vertencia« bedeutet wörtlich *»Hinwendung zu ...«.* Ein sehr konkretes und zugleich ganz einfaches, für jeden Menschen vollziehbares »Tun« ist damit gemeint: Ich wende mich zu Gott hin, ich denke daran, dass Gott da ist – wenn auch der äußeren Wahrnehmung verborgen –, ich sage mit Bewusstsein »du, Gott« zu ihm, spreche zu ihm oder »verweile«, auch ohne Worte – mehr hörend als redend –, in seiner Gegenwart ...

Das ist schon alles! Das jedenfalls ist das »Werk«, das allen »geistlichen Übungen« nicht fehlen darf. Dieses »achten« auf Gott (oder »aufmerken« zu Gott, wie ältere Werkausgaben übersetzen) macht aus »Glauben haben« einen *glaubenden*, mit Gott lebenden Menschen; es einzuüben und zu einem »*habitus*«, einer »guten Angewohnheit« werden zu lassen, dazu will Fray Juan als geistlicher Begleiter anleiten. Alles weitere, auch alle dann möglichen Erfahrungen auf dem Weg der Lebensgemeinschaft mit Gott, setzen diese liebende, sich Gott zuwendende »Aktivität« voraus. Das im Alten Bund geforderte und von Jesus bestätigte Gebot der Gottesliebe verwirklicht sich konkret erst in diesem »*Grundakt des Glaubens*« (Thomas von Aquin[45]), nicht in noch so feierlicher, aber äußerlich bleibender Gottesverehrung, nicht in noch so eifriger Erfüllung eines »Gebetspensums«. Dass der Mensch zu dieser einfachen, aber bewusst und ganz persönlich vollzogenen »Achtsamkeit« findet, das, so Ulrich Dobhan, »ist das große Ziel, und nicht eine Anleitung für ein rigoristisches Leben, durch das sich der Mensch den Himmel zu verdienen hätte, was manche Darstellungen des Heiligen bis in unsere Zeiten zu suggerieren versuchen«[46].

Was Juan mit »liebender Achtsamkeit« umschreibt, nennt Teresa von Ávila *inneres Beten*. Mit der geistlichen Tradition, aus der sie diesen Begriff übernimmt[47], versteht sie darunter ein Beten von innen her, eine bewusste persönliche Hinwendung zu Gott von Ich zu Du, in der es dem Menschen zukommt, mehr zu hören als zu reden.[48] Andere Autoren, in der Geschichte des Karmel vor allem der französische Laienbruder Lorenz von der Auferstehung, sprechen von der *Vergegenwärtigung Gottes*.[49] Gemeint ist immer derselbe einfache »Grundakt des Glaubens«:

Ich denke daran, dass das Wirklichkeit ist, was ich »glaube«: *Gott ist da – und in seinem Ja zu uns »leben wir, bewegen wir uns und sind wir«* (Apg 17,28). Er ist so wirklich da wie jede andere anwesende Person, wenn auch für die Sinneswahrnehmung verborgen ...

Dann folgt der eigentliche Schritt: Ich rede Gott an, von innen heraus, so dass wirklich ich es bin, der da redet ... Ich sage »du« zu Gott, zu diesem unfassbar großen Gott, den ich nur ahnen kann ... Wie von selbst sagt dann nicht nur der Verstand das »du«; inwendige Tiefenbereiche »sprechen« mit ... Aus dem »du«-Sagen wird eine Hinwendung von Wesen zu Wesen, ein »Sich-Anblicken«, ein »Entgegen-Warten« zu dem großen Geheimnis hin, das mich und alle Existenz liebend umfängt, so verborgen und so nahe zugleich ...

Übt man sich, nicht nur während besonderer Gebetszeiten, sondern sooft man daran »denkt«, in diese »Vergegenwärtigung Gottes« ein wenig ein, kann daraus ein ständiges (»habituelles«) *Leben in der Gegenwart Gottes* werden. Ein Erfahrener wie Bruder Lorenz ist überzeugt:

»In der Welt gibt es kein Leben, das so wunderbar und unbegreiflich ist wie der ständige Umgang mit Gott. Das begreifen nur jene, die diese Nähe bei Gott suchen und seine Herrlichkeit an sich erfahren.«[50]

»Einung mit Gott« – das heißt für Johannes vom Kreuz wie für alle Meister der christlichen Spiritualität: mit dem Glauben, dass Gott da ist, ernst machen; nicht nur *von* Gott reden, *über* Gott nachdenken und *vor* Gott »mein Gebet verrichten«, sondern in einem *Beziehungsverhältnis* mit ihm leben; nicht nur mit einer religiösen Weltanschauung im Kopf umherlaufen, sondern *mit dem verborgen anwesenden Gott wie mit einem Freund und Gefährten, in Ehrfurcht ebenso wie in tiefem Vertrauen, durch den Lebensalltag gehen* ... Und wenn sie vom »*Weg* der Einung« sprechen, wollen sie sagen, dass dieses Einssein eben *Weg*-Charakter hat, also immer auch einen Entwicklungsprozess zu noch tieferem, bewusster gelebtem Einssein *hin* darstellt, das sich einmal, am Ziel des Lebens, vollenden wird. »Liebende Achtsamkeit«, »inneres Beten«, »Vergegenwärtigung Gottes« sind die *Wanderschritte* auf diesem Weg des Gipfellebens.

... und zum Mitmenschen hin

Das Thema der Schriften Juans ist das Beziehungsverhältnis zwischen Gott und Mensch. Doch das »Thema« seines Lebens war umfassender als das Thema seiner Bücher, seiner Merkzettel, Briefe und Gedichte. Seine Zeitgenossen erlebten ihn als einen Seelsorger, dem die zwischenmenschlichen Beziehungen genauso am Herzen lagen wie der rechte Umgang mit Gott. Der »Weg der Einung mit Gott« ist für ihn zugleich ein *Weg der Einung mit den Mitmenschen.*

Diesen Zusammenhang sieht Johannes vom Kreuz in Gott selbst begründet. Denn der Gott, mit dem er sich da einlässt, sucht nicht Menschen, die ihn »anhimmeln«, nicht individualistisch-fromme Seelenheil-Sucher oder gar in Verzückung blinde »Anbeter«. Dieser Gott sucht *Mitliebende.*

Einung mit Gott heißt daher bei Fray Juan zutiefst Einung mit dem *Willen* Gottes, und der Wille Gottes ist immer die Liebe – zu jedem und zu allem, was im Himmel und auf Erden ist. Die »Welt« ist also nicht ausgeschlossen; sie ist durch die Beziehung zu Gott, der alles liebt, was er geschaffen hat, erst recht im vollen Blick des geistlich lebenden Menschen.

Den Weg der Einung gehen heißt, in die Lebensgemeinschaft mit Gott hineinwachsen, wie man in eine Freundschaft hineinwächst, und sich dabei Schritt um Schritt von dieser Freundschaft prägen lassen: die Welt mit den Augen Gottes sehen lernen; sich seinen »Willen«, d. h. seine Einstellung, seinen Geist, sein »Denken und Fühlen«, seine »Ethik« immer mehr zu Eigen machen ..., so, »dass aus zwei ein Wille geworden ist, nämlich der Wille Gottes, und dieser Wille Gottes ist auch des Menschen Wille« (I AUFSTIEG 11,3).

Genauso denkt Teresa von Ávila. Ihren Schwestern legt sie ans Herz:

»Die wahre Gotteinung ist, dass mein Wille eins wird mit dem Willen Gottes. Das ist die Einung, die ich mir wünsche und die ich in euch allen gern gesehen hätte, und nicht wie so manche wonnigliche Verzückungen, die man Einungen nennt, die es aber nur sein werden, wenn ihnen die genannten vorausgehen.«[51]

Eine allein auf Gott ausgerichtete Beziehung entspricht seinem Willen gerade nicht, das weiß Teresa nur zu gut aus eigener Erfahrung:

»Was ist das nur, mein Gott, dass in einer Seele, die allein dir zu gefallen sucht, das Ruhen in dir zur Ermüdung führt?«[52]

Einssein mit Gott und Einssein mit den Mitmenschen gehören vom ersten Schritt des Gipfelweges an zusammen. Grundhaltungen und Grundeinstellungen, die für den einen Bereich gelten, gelten auch für den anderen, und der Grundakt der Gottesliebe ist auch der Grundakt der Nächstenliebe. Den Gipfelweg gehen heißt, sich in »liebender Achtsamkeit« den Mitmenschen ebenso zuwenden wie dem verborgen gegenwärtigen Gott: in einem »Aufmerken« von innen her, nicht mit wiederum nur äußerlich bleibenden »Werken der Nächstenliebe« und einem gelegentlichen »netten Wort«, sondern mit dem gleichen einfachen »Tun« des Herzens, das den anderen anschaut und ihn wirklich meint, mit Bewusstsein »du, ...« zu ihm sagt, zu ihm spricht, auf ihn hört und in seiner Gegenwart verweilt ...

Johannes vom Kreuz war auch darin nicht nur Lehrmeister; er hat gelebt, wozu er anleitete – freilich in den Begrenzungen des eigenen Charakters und in den Grenzen des jeweiligen »Nächsten«. Man lese nur einmal seine Briefe, aus denen diese Haltung den Adressaten gegenüber deutlich spürbar durchstrahlt, oder denke daran, was die ersten Biografen von seinem Umgang mit den Brüdern in den Konventen erzählen; oder wie er mitten unter den Bau- und Hilfsarbeitern im Steinbruch und am Mörtelfass stand, Kindern ein Lehrer und Spielgefährte war oder Studenten und Professoren auf ihre Fragen antwortete ... Vor allem seine einfühlsame, brüderliche Art, in der er die Schwestern geistlich begleitete, und die herzliche Freundschaft, die er zu Frauen unterschiedlichen Standes pflegte, zeigt seine tiefe Beziehungsfähigkeit, seine Achtung und »Achtsamkeit« – zumal in einer Zeit, in der selbst angesehene Kirchenmänner wie Kardinal Cajetan, der im Konzil von Trient einflussreiche Theologe Domingo Báñez oder der berühmt gewordene Begründer der Fundamentaltheologie, Melchior Cano, ja selbst der damals als geistliche Autorität schlechthin geltende Juan de Ávila der Auffassung waren, Frauen seien für ein echtes religiöses Leben nicht geeignet[53], und Francisco de Osuna, der viel gelesene Autor spiritueller Schriften, den Ehemännern ernsthaft den Rat erteilte: »Sobald du siehst, dass deine Frau

hin- und herwallfahrtet und sich Andächteleien hingibt und sich ein-
bildet, heilig zu sein, dann schließ deine Haustür ab. Und wenn das
nicht reichen sollte, dann brich ihr das Bein, wenn sie noch jung ist,
denn hinkend kann sie auch von ihrem Haus aus ins Paradies kommen, ohne verdächtigen Frömmigkeitsübungen nachzugehen. Für
die Frau reicht es, eine Predigt zu hören, und ihr, wenn sie mehr will,
ein Buch vorzulesen, während sie spinnt, und sich der Hand ihres
Mannes zu unterstellen.«[54]

»Liebende Achtsamkeit« ist der innerste Kern einer Beziehung zum
Mitmenschen, wie Jesus sie gemeint hat. Nichts mehr zunächst und
nichts weniger ist es, was Menschen zu Geschwistern macht. Dieser
einfache Hin-Blick zum anderen Du, vollziehbar für jeden, ist wiederum der Wanderschritt auf dem Weg zum Miteinander und zur
Freundschaft, der aus »dem da« und »der da« einen interessanten,
wertvollen, wenn auch kantigen Mitmenschen macht. Der Gipfelweg
führt nicht nur in die Herrlichkeit Gottes – was wäre sie auch wert
ohne die Herrlichkeit all der »Typen« und »Originale« ...

»Weg ohne Weg«

In weit ausholendem Bogen schreibt Juan mutig, noch einmal Paulus
zitierend, auf sein Gipfelplateau, was nur dem nicht die Sprache ver-
schlägt, der diese Wahrheit im Einssein mit Gott bestätigt gefunden
hat: *»Hier gibt es keinen Weg mehr, denn für den Gerechten gibt es
kein Gesetz; er ist sich selbst Gesetz«* (vgl. 1 Tim 1,9 u. Röm 2,14).

Keinen Weg mehr? Der »Weg der gottgewirkten Einung« ist in der
Tat ein »camino sin camino«, ein »Weg ohne Weg«. Auf diese Formel
brachte José Sánchez de Murillo OCD das Bergplateau-Leben seines
Landsmannes Juan de la Cruz.[55] Dies gilt meines Erachtens in zweifa-
chem Sinne:

Der Gipfelweg, der Weg der Einung mit Gott und den Menschen,
hat (1.) keinen »Weg« zur Voraussetzung, den man zuvor »ersteigen«
müsste. Ja, die gebräuchlichen Wege der Religion können sogar ein
Hindernis sein, den Gipfelweg zu finden und zu gehen. *Der »Weg der*

Einung« selbst ist der »Aufstieg«, insofern man auf diesem Weg immer unterwegs bleiben wird zu je tieferem oder besser – um im Bild des Aufsteigens zu bleiben – zu je »höherem« Einssein; noch im ewigen Leben wird er nicht in eine »ewige Ruhe« münden, denn »das Dickicht von Gottes Weisheit und Wissen ist so tief und unendlich, dass ein Mensch, auch wenn er noch so viel davon weiß, immer noch tiefer eindringen kann, insofern es unendlich ist und seine Reichtümer, wie der heilige Paulus ausruft (Röm 11,33), unbegreiflich sind ...« (GEISTLICHER GESANG A 35,6 / B 36,10).

Und er hat (2.) keinen »Weg« im Sinne einer Methode, die man erlernen müsste, um ihn zu gehen. Das Gehen dieses Weges selbst, die »liebende Achtsamkeit« zu Gott hin und zum Mitmenschen hin, ist die »Methode«, die einzige und allein notwendige, die man »können« muss, um im eigentlichen Sinne ein glaubender Mensch zu sein. Es mag viele hilfreiche Methoden für das Gebet und die Meditation geben, ebenso für den Umgang im menschlichen Miteinander. Sie alle beziehen sich jedoch auf die praktischen, »äußeren« Ausdrucksformen dieser »Hinwendung zu ...«, nicht auf den Grundakt des Einungsweges selbst; und sie alle blieben im Letzten wertlos, wenn ihnen die Grund-»Methode«, eben die »liebende Achtsamkeit« fehlte.

So betrachtet steht der Mensch, der zur persönlichen Beziehung zu Gott »erwacht« ist, tatsächlich nicht mehr unter dem »Gesetz«, weder unter dem Gesetz religiöser Leistungen noch unter dem Gesetz bestimmter spiritueller Methoden. Er ist »sich selbst Gesetz«, denn die Liebe, die sich an Gott und seinen »Willen« gebunden hat, relativiert alles Müssen und Sollen, alle Regeln und Pflichten eines sogenannten »geistlichen Lebens«; sie findet *ihr eigenes Gesetz*, ihre eigene, je persönliche Weise, mit Gott und seinen Geschöpfen Beziehung zu pflegen. Zu nichts weniger als zu dieser »Höhe«, das Leben zu leben, zu dieser Art und Weise, Mensch zu sein, will, so ist Johannes vom Kreuz überzeugt, Gott den Menschen führen. Alles andere ist Leben in Knechtschaft und Sklaverei, ist Leben unter der Würde, unter den Möglichkeiten, die Gott in uns angelegt hat.

Ein Weg für jeden Menschen

Wie schon gesagt: Den Gipfelweg gehen, ist etwas ganz Einfaches. Jeder kann es (schon). Es ist, so Madame Guyon, die große französische Lehrmeisterin des inneren Betens[56], »ein Weg, der so leicht und so selbstverständlich ist, dass die Luft, die man atmet, nicht selbstverständlicher ist«[57]. Nur begonnen – oder wiederentdeckt und wiederaufgenommen – muss er werden.

Es handelt sich dabei nicht um einen spirituellen Sonderweg im Christentum, sondern – so noch einmal Hans Urs von Balthasar – um »*den* Weg schlechthin zu Gott«[58]. Der »Weg der Einung« ist die Lebensform, die gemeint ist, wenn wir im ursprünglichen, d. h. im biblischen und urchristlichen Sinne von »glauben« sprechen.

Die Vokabeln für die Umschreibung dieser Lebensverwirklichung haben Johannes vom Kreuz und viele andere Meister der geistlichen Tradition dem *Abschiedsgebet Jesu* im Johannesevangelium (Joh 17) entnommen. Die Worte »Alle sollen eins sein: Wie du, Vater, in mir bist und ich in dir bin, sollen auch sie in uns sein ...« und »... sie sollen eins sein, wie wir eins sind, ich in ihnen und du in mir« haben sie in der Regel so verstanden, dass Jesus hier nicht – zumindest nicht nur und nicht zuerst – um das Einssein zwischen Mensch und Mensch betet, sondern um das Einssein *zwischen Mensch und Gott*, um die Lebensgemeinschaft *mit* und *in* Gott, wie sie Jesus selbst gelebt hat. Noch Elisabeth von Dijon (1880–1906), eine Zeitgenossin der hl. Thérèse von Lisieux und als Karmelitin eine Johannes-vom-Kreuz-Schülerin wie sie, schreibt in diesem Sinne in einem Brief:

»*Mir scheint, ich habe meinen Himmel auf Erden gefunden, denn der Himmel ist Gott, und Gott ist in mir. An dem Tag, da ich dies verstanden habe, ist in mir alles hell geworden ... Und ich möchte dieses Geheimnis ganz leise allen mitteilen, die ich liebe, damit auch sie durch alles Schwere hindurch sich in Gott festmachen und damit sich das Gebet Christi erfüllt: Vater, sie sollen eins sein.*«[59]

Fray Juan hat das Abschiedsgebet Jesu besonders geliebt und es, dem Zeugnis eines Mitbruders nach, der ihn auf vielen Reisen begleitete, unterwegs öfter auswendig vor sich hergesagt. Im Kommentarwerk zum GEISTLICHEN GESANG zitiert er es ausdrücklich als biblischen Beleg für die »wesenhafte (also von Gott bereits im Wesen des Menschen angelegte) *Einung zwischen dem Menschen und Gott*«, die durch ein bewusstes Beziehungsleben zur »Einung aus Liebe« werden kann. Die Menschen untereinander seien zwar nicht in gleicher Weise »dem Wesen und der Natur nach eins«, aber doch ebenfalls »durch Einung aus Liebe ..., wie es der Vater und der Sohn in Einheit aus Liebe« sind. Und »obwohl sich das erst im anderen Leben vollkommen erfüllt, bekommt man doch schon in diesem ein starkes Vorerleben und Verkosten davon« (A 38,4 / B 39,5).

Erst im Zeitalter der Ökumene hat man die Abschiedsworte Jesu einseitig als Gebet um die Einheit zwischen den christlichen Konfessionen, zwischen Mensch und Mensch also, zu lesen begonnen. Es ist heute an der Zeit, sich wieder ihren ganzen, unverkürzten Sinn – wie ihn im Übrigen auch bibelwissenschaftliche Studien als den ursprünglichen bestätigen[60] – bewusst zu machen. Die Erfahrung lehrt uns ja zur Genüge, dass eine tragfähige Einheit untereinander erst dort gelingt, wo es um das Letzte und Entscheidende des Glaubens geht, eben um das Einssein *mit* Gott, das die Voraussetzung ist, um auch zum Einssein *in* Gott zu finden.

In den Kommentar zum GEISTLICHEN GESANG fügt Juan bei der Überarbeitung des Textes (Fassung B) folgende Sätze ein, die klarstellen wollen, dass *jegliche Aktivität* erst von diesem Einssein mit Gott her Kraft und Wert bekommt:

»Wenn jemand etwas von jener tiefen Liebe zu Gott in sich trägt, die nach schweigender Zurückgezogenheit verlangt, dann würde man ihm und der Kirche großes Unheil zufügen, wenn er auch nur für einen Augenblick zur Aktivität und zu auch noch so bedeutsamen Beschäftigungen genötigt würde. Gott selber beschwört uns ja, die Seele nicht aus solcher Liebesbegegnung aufzustören (Hld 2,7). Wer kann dies dann ungestraft wagen? Schließlich sind wir doch für solche Liebe geschaffen worden!

Das sollten die ach so Aktiven bedenken, die mit ihrem Gepredige und ihrem ganzen äußerlichen Gewerkel der Welt zu dienen meinen. Sie sollten daran denken, dass sie der Kirche viel mehr nützten und Gott viel mehr Freude bereiteten, wenn sie wenigstens einen geringen Teil der dafür verwendeten Zeit betend mit Gott verbringen würden, selbst wenn ihr Gebet noch sehr armselig wäre. Der Zuwachs an geistiger Kraft, den sie darin geschenkt bekämen, würde sie befähigen, mit einer einzigen Aktion mehr und mit weniger Verausgabung ihrer Kräfte zu bewirken als mit ihren tausend anderen. Was sie tun, heißt sich abplagen und doch so gut wie nichts, mitunter überhaupt nichts, zustandezubringen, wenn nicht gar Schaden zu machen.

Gott bewahre uns davor, dass das Salz zu verderben beginnt. Was dann auch immer einer nach außen hin zu leisten scheint – auf den Kern geschaut, wird es nichts sein. Denn die guten Werke werden nicht anders als aus der Kraft, die einem von Gott kommt, getan. Oh, wieviel ließe sich darüber schreiben!« (B 29,3)

Die Irr-Wege

I m Aufstieg auf den Berg Karmel bemerkt Johannes vom Kreuz ausdrücklich:

»... das Bild, das zu Beginn dieses Buches steht, ... handelt ... auch vom Geist der Unvollkommenheit, wie man an den beiden Wegen sehen kann, die sich an den Seiten des Pfads der Vollkommenheit befinden.« (I 13,10)

Zwei *Wege* und in der Mitte ein *Pfad* – wären sie nicht eindeutig beschriftet, brauchte es viel Phantasie, um sie auf der Zeichnung von Beas wiederzufinden. Die Berg-Darstellung des Diego de Astor, die über drei Jahrhunderte hin dem Werk vorangestellt war, hatte es den Lesern leichter gemacht, sie zu identifizieren: Deutlich sichtbar (s. S. 33) schlängeln sich da die beiden Wege nach oben; umständlich sich windend erreicht der linke die Höhe, wo der Gipfelbereich beginnt, während sich der rechte noch vor dem Ziel ins Abseits verliert. Der Pfad zwischen beiden führt steil an den Felsen hinauf; ganz schmal erst, dann weit werdend, mündet er in die Berghöhe ein ... Nichts davon lässt die Kopie des Originals von Beas erkennen. Man muss schon genau hinschauen und erst einmal die einzelnen Striche sortieren, um überhaupt so etwas wie Wege ausmachen zu können. Nur die zweimalige Titulierung *»Camino de espíritu* (abgekürzt: *spu) de imperfección – Weg des Geistes der Unvollkommenheit«* lässt darauf schließen, dass es sich bei den jeweils daran anschließenden, beschrifteten und spitz zulaufenden langen Flächen um »Wege« handelt.

5

Holzwege des religiösen Lebens: Der spirituelle »Ego-Trip«

Was Fray Juan hier eher symbolisch andeutet, statt, wie Diego de Astor, naturgetreu darzustellen, sind nicht etwa die Wege religionslos lebender Atheisten. Solche gab es im katholischen Spanien des 16. Jahrhunderts nicht. Es handelt sich um die Irr-Wege derer, denen er seine Skizze in die Hände gibt, um *Irr-Wege der Christen* also, der Ordensleute, der Priester und der Gläubigen seiner (und wohl auch unserer) Zeit. Als *Holzwege des religiösen Lebens* haben sie in verschiedensten konkreten Erscheinungsformen die christliche Frömmigkeit schon von frühkirchlichen Tagen an immer wieder »vermurkst«, verfälscht und verbogen. Die theologische Reflexion nennt sie zum Beispiel Gnostizismus, Mystizismus, Utilitarismus und Hedonismus. Es sind Wege, auf denen der Mensch – in der Regel ohne sich dessen bewusst zu sein – auf dem »Ego-Trip« der Ich-Bezogenheit bleibt, auf dem er weder sich selbst noch sein »Heil«, noch Gott, noch die Welt, noch die Mitmenschen findet.

Ein Holzweg, so erläutert das Herkunftswörterbuch, ist ein »Waldweg …, auf dem Holz fortgeschafft wird«, ein »Wirtschaftsweg« hin zum Holzsammelplatz mitten im Wald also. Da ein solcher Weg, so heißt es dort weiter, »nicht zur nächsten Ansiedlung führt«, meint dieses Bildwort einen »irrtümlichen Weg«.[61] In der Tat: Es gibt »Wege« in unserem Leben – Verhaltensweisen, Auffassungen und Handlungen –, die nicht »zur nächsten Ansiedlung«, nicht zur Gemeinschaft mit den Mitmenschen führen. Ebenso gibt es »Holzwege«, auf denen die Gemeinschaft mit Gott nicht gefunden werden kann. In der Bergpredigt überliefert Matthäus ein Jesus-Wort, das diese Erfahrung sehr deutlich zum Ausdruck bringt:

»Das Tor ist weit, das ins Verderben führt, und der Weg dahin ist breit, und viele gehen auf ihm. Aber das Tor, das zum Leben führt, ist eng, und der Weg dahin ist schmal, und nur wenige finden ihn.« (Mt 7,13-14)

Den Weg gehen, den Weg, der »zum Leben führt«, und *die Holzwege lassen*, die doch nur, selbst wenn sie fromm und spirituell erscheinen,

4 Nachbildungen der Originalskizze, die zu Lebzeiten von Johannes vom Kreuz im Umlauf waren.

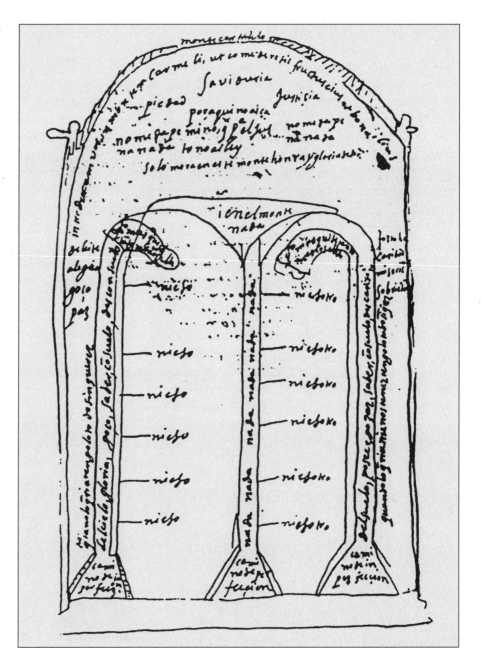

Skizze a

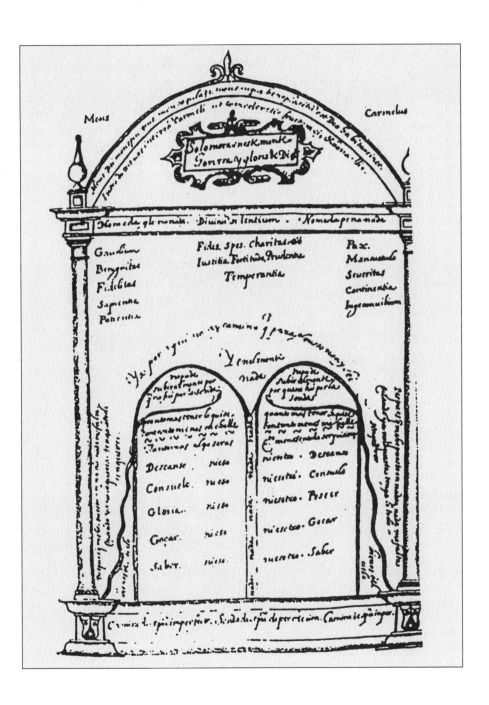

Skizze b

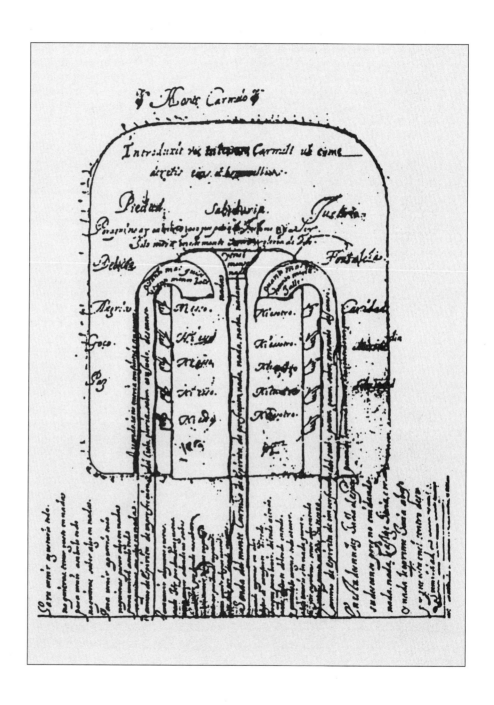

Skizze c

Skizze d

59

»Verderben« bringen – dazu anzuleiten, darum geht es dem Seelsorger Johannes vom Kreuz. Mit seiner Berg-Karmel-Zeichnung will er helfen, die Holzwege zu erkennen, auf die der religiöse und nach Spiritualität suchende Mensch so leicht geraten kann. Und er möchte den Weg des Evangeliums weisen, der – immer zugleich – zu Gott und zu den Mitmenschen führt.

Die beiden Wege des »unvollkommenen Geistes« kennzeichnen in Juans Gipfel-Skizze Frömmigkeitsauffassungen und -praktiken, mit denen das »Bergplateau des Lebens« nicht zu finden ist, Wege, die seiner seelsorglichen und gewiss auch persönlichen Erfahrung nach sogar hinderlich sind, um zur Weite, Schönheit und Freiheit des Menschseins zu gelangen. Klar und deutlich hält er ihnen ein entschiedenes »*ni esotro, ni eso – weder dies, noch das*« entgegen; wie die Gesetzestafeln des Mose wirken die beiden Felder jeweils zwischen Weg und Pfad, auf denen diese Worte stehen. Und vom Pfad in der Mitte her wird er sie gar zu »*Nichtsen*« erklären.

Der große Analytiker und Systematiker des geistlichen Lebens unterscheidet *zwei Grundtypen* solcher Holzwege der Spiritualität. Bevor wir sie näher betrachten, ist hier zunächst eine nicht unwesentliche Detailfrage abzuklären.

Die Herausgeber spanischer Gesamtausgaben der Schriften Juans lesen diese Weg-Titel in der Regel zusammen mit den jeweils nächsten beiden Worten, die sich direkt an sie anzuschließen scheinen. Nach dieser Lesart würden die Weg-Bezeichnungen dann lauten: »Camino de espíritu de imperfección *del cielo*« bzw. »... *del suelo*«[62]. Der dreimalige Genitiv (de ... de ... del ...) ist im Spanischen allerdings ungewöhnlich und macht hier überdies wenig Sinn; die Übersetzung hieße wörtlich: »Weg des Geistes der Unvollkommenheit des Himmels« bzw. »... der Erde«. In der deutschen Neuausgabe der Werke Juans wurde diese grammatikalisch holprige und inhaltlich unklare Konstruktion vorerst so übertragen: »Weg des Geistes der Unvollkommenheit *zum Himmel*« bzw. »... *zur Erde*«.[63] Im Gespräch mit Sr. Elisabeth Peeters aus dem Übersetzer-Team fanden wir aber inzwischen heraus, dass es sich hierbei um einen Lesefehler der spanischen Autoren handelt, deren Textausgaben als Vorlage für die deutsche Übertragung dienten. Die hinzugenommenen Worte gehören unseres Erachtens nicht zu den Weg-Titeln. Diese enden jeweils an der Plateau-Linie, so dass »del cielo« und »del suelo« schon *Teil der beschrifteten Weg-Flächen* sind. – Die Bestätigung für unsere Beobachtung fanden wir auf den schon erwähnten vier Nachbildungen der Berg-Karmel-Skizze, die zwar von fremder Hand, aber bereits zu Lebzeiten Juans angefertigt wurden: Eine dieser Kopien (Skizze a) zeigt die beiden vertikal auf die Wege geschriebenen Zusätze deutlich abgegrenzt von den horizontal daruntergesetzten Weg-Titeln. Auf der zweiten (Skizze b) steht statt »del cielo« und »del suelo« sogar, ebenfalls vertikal im Unterschied zu den horizontal geschriebenen Titeln, »*bienes (Güter) del cielo*« bzw. »*bienes* del suelo«; die beiden Genitive beziehen sich also auf die »Güter« (dazu später), nicht auf die Titel. Auf der dritten Version (Skizze c) beginnen beide »del ...«, wie auf der Skizze von Beas, erst auf den Wegflächen. Und die vierte, recht eigenwillige Nachbildung (Skizze d) hat die Titel gar nicht, doch auf den beiden Wegen steht wiederum, hier völlig unabhängig von Wegtitulierungen, »bienes del cielo« und »bienes del suelo«. – Die in den spanischen Werkausgaben hinzugenommenen Worte können also nicht zu den Titeln gehören. Das wusste übrigens schon der 1945 verstorbene spanische Karmelit P. Crisógono de Jesús OCD, der eine gründliche, in mehrere Sprachen übersetzte Biografie des Heiligen erarbeitet und darin, wenn auch nur kurz, die Skizze von Beas beschrieben hat; er gibt die Beschriftung der Wege so wieder: »Camino de espíritu de imperfección: del cielo gloria ...«, entsprechend auch den zweiten Weg.[64] Das »del cielo«, das auf der Gipfel-Skizze von Beas demnach unabhängig von einem vorangehenden Substantiv gebraucht wird, bedeutet dann – so auch in der deutschen Ausgabe der Johannes-vom-Kreuz-Biografie von P. Crisógono[65] – sprachlich korrekt und, wie sich zeigen wird, inhaltlich sinnvoll: »*vom Himmel*«, das »del suelo«: »*von der Erde*« (wörtlich »vom Boden« oder »vom Irdischen«), womit jeweils die darauf folgenden Worte in den Weg-Flächen eingeleitet werden.

Was hier wie spitzfindige »Wortklauberei« aussieht, erweist sich als wichtige Vorarbeit, um zu einer möglichst authentischen Deutung zu gelangen. Fray Juan hat die Wege auf seiner Skizze demnach folgendermaßen beschriftet:

Die Titel lauten jeweils: »*Weg des Geistes der Unvollkommenheit*«. Auf den Wegen selbst ist zu lesen: »*vom Himmel Ruhm, Genuss, Wissen, Trost, Ruhe*« und: »*vom Irdischen Besitz, Genuss, Wissen, Trost, Ruhe*«. Frömmigkeit/Spiritualität im »Geist der Unvollkommenheit« besteht also darin, so dürfen wir Johannes vom Kreuz verstehen, dass der Mensch mit den Mitteln der Religion darauf aus ist, »vom Himmel Ruhm, Genuss usw.« zu erlangen, und dass sein Gebet und sein geistliches Tun darauf abzielen, aus dem Bereich des »Irdischen« von Gott »Besitz, Genuss usw.« zu bekommen.

Die »Güter des Himmels« und die »Güter des Irdischen« haben zu wollen – die »*bienes del cielo*« und die »*bienes del suelo*«, wie zwei der genannten Nachbildungen und ebenso die spätere Berg-Darstellung des Diego de Astor präzisieren –, ist die Hauptabsicht eines solchen Geistes. Die Religion wird dabei instrumentalisiert und Gott zum »Mittel zum Zweck« entwürdigt.

Lange vor Johannes vom Kreuz hat der deutsche Dominikanerpater Meister Eckhart (1260–1328) diese Haltung und ihre unheilvolle Wirkung in einer Predigt mit klaren, bildstarken Worten so auf den Punkt gebracht:

»*Manche Leute wollen Gott mit den Augen ansehen, mit denen sie eine Kuh ansehen, und wollen Gott lieben, wie sie eine Kuh lieben. Die liebst du wegen der Milch und des Käses und deines eigenen Nutzens. So halten's alle jene Leute, die Gott um äußeren Reichtums oder inneren Trostes willen lieben; die aber lieben Gott nicht recht, sondern sie lieben ihren Eigennutz.*«[66]

Es ist, meiner Meinung nach, ebendiese »Milch-und-Käse-Frömmigkeit«, die Fray Juan in den beiden Wegen seiner Gipfel-Skizze als »Geist der Unvollkommenheit« gebrandmarkt hat. Ähnlich wie er setzt der Münsteraner Theologe Jürgen Werbick hinter eine solche Art religiösen Lebens, das sich heute zum Beispiel im »Sich-Zunutze-Machen ›göttlicher Energien‹ in selbstverwirklichungsorientierten

Meditationsprogrammen«[67] zeigt, große Fragezeichen; in seinem Standardwerk der Fundamentaltheologie, jener Wissenschaft, die über die Grundlagen des christlichen Glaubens reflektiert, gibt er zu bedenken:

»Steht hier nicht die Verheißung im Vordergrund, bei entsprechender Beherrschung der einschlägigen Techniken könne die Quelle des Göttlichen zu meiner Quelle werden, zur Quelle meines Glücks, meines Reichtums? Ein Blick zurück auf Meister Eckharts Bild der »Frommen«, die Gott anschauen mit den Augen, mit denen sie eine Milchkuh anschauen, mag verdeutlichen, wie weit dieses Anzapfen spirituell-mystischer Traditionen sich von solchen Traditionen – nicht nur des Westens, sondern wohl auch des Ostens – entfernt hat ...«[68]

Religiös sein, so weiß Johannes vom Kreuz, ist nicht schon in sich eine gute Sache. Sind die »geistlichen Übungen« – welche auch immer – von der Absicht geleitet, von Gott etwas *haben* zu wollen, oder will man mittels »spiritueller Wege« etwas für sich *erreichen*, kann der Mensch das Leben, das Jesus angeboten und vorgelebt hat, nicht finden. Er fügt sich darüber hinaus sogar großen Schaden zu, denn er pflegt und fördert dann im Mantel der Frömmigkeit nichts als die eigene, egozentrierte Begehrlichkeit seines noch unheilen Herzens. Mit Gebet und Meditation, Opfer und Entsagung, Gottesdienstfeiern und Fasten, Gebotehalten und Almosengeben ... kann man auch schnurgerade an Gott (und den Menschen) vorbeileben und sich dabei gehörig den Charakter verderben! Die *Motivation* ist es, die dasselbe religiöse Tun zum Heils- oder zum Unheilsweg macht.

Das gilt nicht nur im Bereich der christlichen Kirchen mit ihren traditionsreichen oder auch neuen Formen der Liturgie und des geistlichen Lebens; Fray Juan wusste um diese Problematik ebenso bei den nach »Erleuchtung« strebenden »Alumbrados«, bei den Menschen also, die heute im weitgefächerten, kaum noch überschaubaren Bereich der Esoterik und der »Misch-Religion« ihr Heil suchen. *Auf den spiritus in der Spiritualität kommt es an, auf den Geist, von dem der Mensch in seinem »spirituellen Leben« geleitet ist.*

Holzweg Nr. 1: Der religiöse Utilitarismus

Der wohl am häufigsten begangene Irrweg der Religion, der *Holzweg Nr. 1*, besteht darin, dass man betet, Gottesdienst feiert usw., um sich bei Gott »*vom Irdischen* (d.h. aus dem Bereich der »irdischen Welt«) *Besitz, Genuss, Wissen, Trost, Ruhe*« zu erbitten, den »Käse« also, den »äußeren Reichtum«. Gemeint ist eine vom Haben-Wollen her motivierte Haltung, bei der es im Gebet und im religiösen Tun eigentlich gar nicht um Gott geht, sondern vielmehr einzig und allein darum, dass Gott uns in *unseren* Anliegen und Nöten helfen, *unsere* Vorhaben und Pläne gelingen lassen, zu *unseren* Wegen seinen Segen geben möge. Es ist, krass gesagt, der Weg derer, die sich an Gott nur wenden, um sich von ihm den größeren oder kleineren »Lotto-Gewinn« zu »erbeten« und was sie sich in ihrer Kurzsichtigkeit für ihr »Wohlergehen« wünschen. In der Geschichte des geistlichen Lebens ist diese Haltung immer wieder beobachtet und durch klarsichtige Theologen und Seelsorger korrigiert worden; sie kann als *religiöser Utilitarismus*[69] bezeichnet werden, als ein »Benutzen« und »Ausnutzen« Gottes. Die Objekte der eigenen Begehrlichkeit stehen hier im Mittelpunkt:

– die Bewahrung und Vermehrung des »*Besitz*-Standes«, sowohl an Dingen wie an Menschen;

– alles, was (im allzu vordergründigen Sinne) »*Genuss*« und »*Trost*« bereitet und ein »Leben in *Ruhe* und Sicherheit« gewährt;

– das »*Wissen*« ohne Weisheit, das Bescheid-Wissen-Wollen, um Recht zu haben und Ansehen zu bekommen und Macht ...

Es muss nicht näher erläutert werden, dass genau diese Art von Frömmigkeit weithin auch das Erscheinungsbild der Kirche unserer Tage prägt. Und auch ich muss ehrlich gestehen: Obwohl mir dieser und ähnliche Holzwege theologisch seit Jahren bekannt sind und ich mich zu den Christen zähle, die sie schon von weitem erkennen – in meinem persönlichen Umgang mit Gott sind und bleiben sie auch meine Versuchung ... Ich möchte dazu Edith Stein (1891–1942) zu Wort kommen lassen, die große Schülerin des Kirchenlehrers Johannes vom Kreuz aus dem gerade erst vergangenen 20. Jahrhundert:

»Gotteskind sein heißt: an Gottes Hand gehen, Gottes Willen, nicht den eigenen tun, alle Sorge und alle Hoffnung in Gottes Hand legen, nicht mehr um sich und seine Zukunft sorgen. Darauf beruht die Freiheit und Fröhlichkeit des Gotteskindes. Wie wenige auch von den wahrhaft Frommen, selbst heroisch Opferwilligen, besitzen sie! Sie gehen immer niedergebeugt unter der schweren Last ihrer Sorgen und Pflichten …Freilich, wer vom Vater im Himmel erwartet, daß er ihm jederzeit für das Einkommen und die Lebensverhältnisse sorgen werde, die er für wünschenswert hält, der könnte sich schwer verrechnet haben. Nur dann wird das Gottvertrauen unerschüttert standhalten, wenn es die Bereitschaft einschließt, alles und jedes aus der Hand des Vaters entgegenzunehmen. Er allein weiß ja, was uns guttut. Und wenn einmal Not und Entbehrung angebrachter wären als behaglich gesichertes Auskommen oder Mißerfolg und Verdemütigung besser als Ehre und Ansehen, dann muß man sich auch dafür bereithalten. Tut man das, so kann man auch unbelastet durch die Zukunft in der Gegenwart leben.

Das ‚Dein Wille geschehe!‘ in seinem vollen Ausmaß muß die Richtschnur des Christenlebens sein. Es muß den Tageslauf vom Morgen bis zum Abend, den Gang des Jahres und das ganze Leben regeln. Es wird dann auch des Christen einzige Sorge sein. Alle anderen Sorgen nimmt der Herr auf sich. Diese eine aber bleibt uns, solange wir leben. Es ist objektiv so, daß wir nicht endgültig versichert sind, immer auf Gottes Wegen zu bleiben. Wie die ersten Menschen aus der Gotteskindschaft in die Gottesferne fallen konnten, so steht jeder von uns immer auf des Messers Schneide zwischen dem Nichts und der Fülle des göttlichen Lebens. Und früher oder später wird uns das auch subjektiv fühlbar …«[70]

Der Holzweg Nr. 1 – Diego de Astor nennt ihn »camino de (e)spiritu errado / Weg des verirrten Geistes« – steht für das in allen Zeiten zu beobachtende Bemühen des Menschen, mit den Mitteln der Religion sich selbst zu suchen und das, was man – im persönlichen wie im gesellschaftlichen und kirchlichen Bereich – für sein »Heil« hält.

Doch Fray Juan weiß aus Erfahrung: »Je mehr ich es suchen wollte, desto weniger fand ich es.« Auch diese Worte schreibt er auf die »Gesetzestafel«, mit der er vor solcher egozentrierten, »gutbürgerlichen«

Religiosität warnen möchte. Denn der Weg des Haben-Wollens führt nicht in die Freiheit, um die Juan, ebenso aus Erfahrung, weiß – auch der religiöse nicht. Wer »haben« will, der »wird gehabt« und lebt, auch als »frommer Christ«, im Sklavendasein.

Holzweg Nr. 2: Der religiöse Hedonismus

Auf zwei der vier Nachbildungen aus dem 16. Jahrhundert (s. S. 56 u. 58) enden die beiden Wege mit einer Krümmung, so als machten sie eine Kurve und wendeten sich wieder sich selber zu. Da diese Darstellungsweise gleich zweimal überliefert ist, könnte sie durchaus auf eine spätere, durch Fray Juan selbst weiterentwickelte Variante der Gipfelskizze zurückgehen. Unweigerlich muss ich dabei an ein Wort aus der geistlichen Tradition denken, wonach der Mensch mit einem »auf sich selbst zurückgekrümmten Herzen«, mit einem »cor in seipsum curvatum«[71] lebt. Ob ein Anklang an dieses Wort beabsichtigt war oder nicht – die so gedeutete Krümmung der Wege trifft jedenfalls, was Juan sagen will: Es ist dem Menschenherzen eigen, auf sich selbst gekrümmt zu bleiben und dabei für sich »einzukurven«, was ihm als wertvoll und kostbar entgegentritt: die »Güter der Erde« – und ebenso die »Güter des Himmels«.

Die menschliche Begehrlichkeit macht auch vor dem nicht Halt, was »*vom Himmel*« ist. Wieder geht es um »*Genuss, Wissen, Trost, Ruhe*«. Nur das erste Wort in der Aufzählung der »Güter« ist, im Vergleich mit dem ersten Weg, ausgetauscht: Anstelle von »Besitz« – diesbezüglich ist ja »vom Himmel« nichts zu holen – steht hier »*Ruhm*«.

Ist der erste Irrweg von der Absicht geleitet, durch religiöse Werke die begehrten Annehmlichkeiten des Lebens zu bekommen, so geht es dem Menschen nun um die Annehmlichkeiten der religiösen Werke selbst. Der *Holzweg Nr. 2* ist der *Hedonismus*[72]. Das aus dem Griechischen stammende Wort bedeutet so viel wie »Genuss-Streben«; ein Fremdwörterbuch übersetzt »hedonistisch« mit »das Lustprinzip befolgend«[73]. Gemeint ist in diesem Fall ein Haben- und Genießen-Wollen, das sich auf das »Geistliche« richtet. Die »Milch«, von der Meister Eckhart spricht, der »innere Trost« also (s.o.), steht hier im Mittelpunkt der noch egozentrierten »Gottesliebe«. Es ist der Weg derer, die *in den »geistlichen Übungen«* das suchen, was ihnen als erstrebenswertes »Heil« vor Augen schwebt:

– in der liturgischen Feierlichkeit des Gottesdienstes, im Kerzenschein und im Weihrauchduft den *»Genuss«* gefühlvoller Empfindungen;

– in der Glaubenslehre oder gar in »übernatürlichen« Erscheinungen und Prophetien die Sicherheit des *»Wissens«;*

– im Gebet den *»Trost«* innerer Erfahrungen;

– mittels Meditation, Fasten, Schweigen usw. die *»Ruhe«* der Gedanken und Gefühle des unsteten Herzens;

– in ihrer (möglichst für alle sichtbaren, »zeichenhaften«) Frömmigkeit und aufopferungsvollen Verfügbarkeit, ja im kirchlichen Beruf und Stand oder in der Zugehörigkeit zu einer religiösen Gemeinschaft den *»Ruhm«,* ein geistlicher Mensch zu sein ...

Im dritten Buch des Aufstiegs und im ersten Buch der Dunklen Nacht hat Johannes vom Kreuz diesen »Geist der Unvollkommenheit« sehr ausführlich beschrieben. Folgende Zeilen aus der Dunklen Nacht fassen seine Beobachtung gut zusammen:

Der religiöse Mensch »findet also seine Wonne darin, lange Zeiten im Gebet zu verbringen, ja manchmal ganze Nächte hindurch. Sein Wohlgeschmack sind Bußübungen, seine Befriedigung ist das Fasten und sein Trost der Sakramentenempfang und der Austausch über göttliche Dinge. Aber auch wenn geistlich strebende Menschen eben diese Dinge erfolgreich und beharrlich pflegen und sie mit großer Sorge anwenden und verrichten, benehmen sie sich doch – vom geistlichen Standpunkt her – hierin im allgemeinen sehr schwach und unvollkommen. Was sie zu diesen geistlichen Dingen und Übungen anregt, sind nämlich Trost und Geschmack, den sie daran finden.« (I 1,3)

Der erfahrene Seelsorger spricht dort von *»geistlicher Habgier«* (I 3,1) und von *»geistlicher Genusssucht«* (I 6,1) und nennt viele konkrete

Beispiele, in denen sich dieser hedonistische Geist zeigt. Dem wachen Zeitgenossen wird es nicht schwer fallen, solche Beispiele zur Genüge auch in der Kirche unserer Tage und nicht zuletzt im breiten Spektrum der wohlfeilen Sinnangebote des heutigen »religiösen Marktes« aufzuspüren.

Auf diesem Weg kann der Mensch das »Leben in Fülle« ebenfalls nicht finden. Ja, die Erfahrung lehrt, dass er nicht einmal das findet, was er erstrebt. *»Je mehr ich es haben wollte, desto weniger fand ich es«*, notiert Juan auf die daneben stehende »Gesetzestafel«. Darüber hinaus fügt man dem eigenen Charakter wiederum nur Schaden zu: man bleibt »auf sich selbst zurückgekrümmt« und wird fixiert von dem, worauf man fixiert ist. Und auch diesen Holzweg kenne ich nur zu gut aus eigener Erfahrung ...

Wenn solche Fixierungen, so schreibt Fernando Urbina, ein spanischer Johannes-vom-Kreuz-Kenner, bei »religiösen Persönlichkeiten mit großem Einfluss« auftreten, kann das »Geist und Stil ganzer religiöser und apostolischer Bewegungen beeinflussen, so dass ihnen trotz großer Ausbreitung und großen Erfolges in der Aktion ein Handeln eigen ist, das von der Wurzel her entstellt ist, da es nicht mehr um den Geist des Evangeliums geht, sondern um ›Macht und Ehre‹ dieser Welt«[74]. Das »Klima« einer ganzen Ordensgemeinschaft, eines Bistums, ja der Kirche kann von solchen Fixierungen einflussreicher Persönlichkeiten her verdorben und vergiftet sein.

Eine (Holz-)Wegbeschreibung, die an Aktualität bis heute nichts verloren hat! Das Problem im Christentum unserer Tage ist nicht, ob wir neue (»zeitgemäße«) oder alte Frömmigkeitsweisen praktizieren, sondern ob wir damit wirklich Gott meinen; man kann auf beiderlei Art Gott verfehlen – und die Größe und Würde des eigenen Lebens.

Wege nach oben?

Als ich die Skizze möglichst originalgetreu abzeichnete und auch die ins Deutsche übersetzten Worte so einzutragen versuchte, wie Fray Juan sie geschrieben hat, bestätigte sich mir eine Erkenntnis, die ich

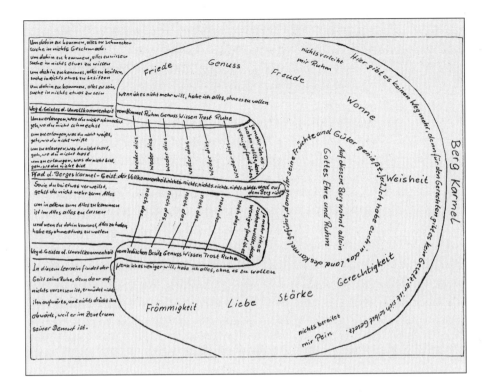

Um dahin zu kommen, alles zu schmecken
suche in nichts Geschmack.

Um dahin zu kommen, alles zu wissen
suche in nichts etwas zu wissen.

Um dahin zu kommen, alles zu besitzen,
suche in nichts etwas zu besitzen.

Um dahin zu kommen, alles zu sein,
suche in nichts etwas zu sein.

Wenn ich es nicht mehr will, habe ich alles, ohne es zu wollen.

Weg d. Geistes d. Unvollkommenheit — vom Himmel Ruhm Genuss Wissen Trost Ruhe

Um zu erlangen, was du nicht schmeckst
geh, wo du nicht schmeckst.

Um zu erlangen, was du nicht weißt,
geh, wo du nicht weißt.

Um zu erlangen, was du nicht hast,
geh, wo du nicht hast.

um zu erlangen, was du nicht bist,
geh, wo du nicht bist.

Pfad d. Berges Karmel - Geist. der Vollkommenheit

Sovie du bei etwas verweilst,
gehst du nicht mehr zum Alles.

um in allem zum Alles zu kommen
ist im Alles alles zu lassen.

und wenn du dahin kommst, Alles zu haben
habe es ohne etwas zu wollen.

Weg d. Geistes d. Unvollkommenheit — vom irdischen Besitz Genuss Wissen Trost Ruhe

In diesem Leersein findet der
Geist seine Ruhe, denn da er auf
nichts versessen ist, ermüdet nichts
ihn aufwärts, und nichts drückt ihn
abwärts, weil er im Zentrum
seiner Demut ist.

Wenn ich es weniger will, habe ich alles, ohne es zu wollen.

nichts verleiht mir Ruhm

Hier gibt es keinen Weg mehr, denn für den Gerechten gibt es kein Gesetz

Friede — Genuss — Freude — Wonne — Berg Karmel

je mehr ich es haben wollte, desto weniger fand ich es

weder dies — weder dies — weder dies — weder dies — weder dies — weder dies

nichts. nichts. nichts. nichts. nichts. nichts. und auf dem Berg nichts

noch das — noch das — noch das — noch das — noch das

je weniger ich es haben wollte, desto mehr fand ich es

Auf diesem Berg wohnt allein Gottes Ehre und Ruhm

seine Früchte und Güter

Auf das Land des Karmel geführt, damit ihr jetzt habe euch im das Land des Karmel, jetzt hergeführt

Weisheit — Gerechtigkeit

Frömmigkeit — Liebe — Stärke

nichts bereitet mir Pein

Jeremia 2,7 bis 29

Deutsche Übertragung der Berg-Karmel-Skizze im Querformat

den Mitgliedern der karmelitanischen Laiengemeinschaft Birkenwerder verdanke. Mit unvoreingenommenem Blick hatten sie, als wir an einem Wochenende gemeinsam nach dem Sinn der Zeichnung fragten, erkannt, was meinen Theologen-Augen bisher verborgen geblieben war: *Der Merkzettel Juans hat kein definitives Unten und Oben; um ihn lesen und betrachten zu können, muss man ihn drehen.* Die meisten Worte sind nur lesbar, wenn man das Blatt im Querformat (s. oben) vor sich hat. Um die sechs gleichlautenden Zeilen zwischen dem Pfad und einem der beiden Wege lesen zu können, muss man es sogar auf den Kopf stellen. Und damit der Betrachter das Jeremia-Zitat entziffern kann, müssen seine Augen einer langsamen Drehung des Zettels um 360 Grad folgen. Genau so – das ging mir beim handschriftlichen Kopieren auf – hat Fray Juan den Zettel auch gezeichnet und beschriftet!

Die im Druck veröffentlichten Abbildungen der Skizze von Beas zeigen den Merkzettel Juans durchweg im Hochformat. Die beiden Holzwege führen, so betrachtet, nach oben, ebenso der Pfad in der Mitte. Die Autoren schauen das ganze Weg-Gebilde freilich aus der »Blickrichtung Gottes« an, so dass es perspektivisch verkürzt erscheint und wie ein Hang wirkt, der – einer Rampe ähnlich – schräg von unten nach oben hineingeschnitten ist in das Bergmassiv, von dem sonst nur, im Draufblick, die weit ausladende Hochfläche zu sehen ist.

Je länger ich mich mit der Skizze von Beas befasse, desto mehr sind mir Zweifel gekommen, ob hier optisch richtig wahrgenommen wird, was Juan da gezeichnet hat. Könnte es nicht sein, dass die Wege (wie auch der Pfad) gar nicht aufsteigend von unten nach oben, sondern, wie die meisten Worte und Sätze, *im Querformat* zu betrachten sind? Juan hat sie doch so beschriftet, dass man die Worte darauf nur im Querformat entziffern kann! Dann aber würde es sich hier nicht um Wege nach oben handeln, sondern vielmehr um *Wege oben auf der Hochebene*! Sie würden, in dieser »Lesart«, zur Fläche des Gipfelplateaus selbst gehören. Dass sie unten – bzw. links – durch den Federstrich, der das ganze Plateau umrandet, auch graphisch mit in die Gipfelebene einbezogen sind, scheint diese Sichtweise zu bestätigen.

Richtig ist auf jeden Fall, dass die Skizze »von oben her« betrachtet werden muss. Hat Fray Juan in seine Skizze aber tatsächlich einen – wenn auch perspektivisch verkürzten – Steilhang mit Wegen und Pfad, einen *Aufstieg* zum Gipfel hinauf also, eingezeichnet? Vielleicht sind wir heutigen Ausleger immer noch, ohne es zu wollen, so sehr von der inzwischen »traditionsreichen« Deutung beeinflusst, die in der Berg-Version des Diego de Astor zum Ausdruck kommt, dass wir einen Aufstieg sehen, wo gar keiner ist?

Die Antwort könnte nur Johannes vom Kreuz selbst uns geben. Ich persönlich bin zu der Überzeugung gelangt, dass Fray Juan Wege und Pfad *auf* dem Gipfelplateau, nicht auf das Plateau hinauf darstellen wollte. Die Deutung bringt dann jedenfalls, so scheint mir, ein Mehr an Übereinstimmung mit seiner Lehre – und mit der Realität des geistlichen Lebens.

Die Realität: Holzwege auf dem Gipfelplateau

Die beiden Weg-Symbole bezeichnen in Juans Gipfel-Skizze Haltungen, in die auch derjenige immer wieder »hineintappt«, der den Gipfelweg, den Weg der Einung mit Gott und den Menschen, längst gefunden hat. Es sind Holzwege *auf* dem Gipfelplateau. Es ist eben tatsächlich so, dass uns die Sorge, den Weg des unverzweckten Einsseins mit Gott und seiner Schöpfung zu bewahren, »bleibt, solange wir leben«, wie Edith Stein sagte, ja: »Es ist objektiv so, daß wir nicht endgültig versichert sind, immer auf Gottes Wegen zu bleiben. Wie die ersten Menschen aus der Gotteskindschaft in die Gottesferne fallen konnten, so steht jeder von uns immer auf des Messers Schneide zwischen dem Nichts und der Fülle des göttlichen Lebens ...« (s. S. 65). Johannes vom Kreuz weiß, dass der Mensch auch dann noch, wenn er wach geworden ist für die Nähe Gottes und das Leben auf dem »Gipfelplateau der Liebe« gefunden hat, anfällig bleibt, Gott für seine Bedürfnisse einzuspannen und auszunutzen.

Der Satz neben dem Holzweg Nr. 1, geschrieben *auf* die Fläche des Plateaus, wird dann verständlich: »*Wenn ich es weniger will* (das heißt also: wenn ich es auch jetzt noch, *auf* dem Weg der Einung, will!), *habe ich alles, ohne es zu wollen.*«

Und ebenso der ähnlich lautende Satz neben dem Holzweg Nr. 2: Denen, die durchaus verstanden haben oder wenigstens ahnen, dass nur die uneigennützige, unverzweckte Hinkehr zu Gott von Ich zu Du das *Leben* ist, die aber dennoch geneigt sind, »einzukurven« und festzuhalten, was ihnen in der Beziehung zu Gott geschenkt wird, sagt Juan dort: »*Wenn ich es nicht mehr will, habe ich alles, ohne es zu wollen.*«

Beide Sätze sind nicht nur in der Gegenwartsform, sondern sogar in der Ich-Form geschrieben. Ich bin überzeugt, dass Fray Juan hier auch von sich selbst spricht. Es sind Worte eines Menschen, der Erfahrung hat auf dem »Weg der Liebeseinung« und der dennoch um sein »auf sich selbst zurückgekrümmtes Herz« weiß – Worte, die also auch *auf* dem Gipfelplateau ihre Gültigkeit haben. Das zu hören, ist tröstlich, auch für mich.

Der Pfad

Es ist wiederum nur die eindeutige Beschriftung, die erkennen lässt, dass die längere, abgerundet endende schmale Fläche zwischen den Wegen ein *Pfad* sein soll. Juan hat ihn, wie die beiden Wege, nur symbolisch dargestellt. Der Titel »*Senda del monte* (abgekürzt: *mte*) *Carmelo espíritu de perfección*« kann im Deutschen mit »*Pfad des Berges Karmel – Geist der Vollkommenheit*« oder »*Pfad des Berges Karmel im Geist der Vollkommenheit*« übersetzt werden.

Eine Botschaft im Querformat

Hat man die Skizze im Hochformat vor sich, so führt der Pfad auf das Gipfelplateau hinauf. Würde man Juans »Berg« überdies als Abbildung in der Front-Ansicht verstehen, wäre hier tatsächlich ein steiler Aufstieg dargestellt. Von oben, aus der »Blickrichtung Gottes« her betrachtet, wirkt er dagegen, wie das ganze Weg-Gebilde, perspektivisch verkürzt und bekommt so – als aszetisches Symbol verstanden – von der »Einung mit Gott« her einen zwar wichtigen, aber relativierten Stellenwert.

Dass Juans Pfad über die beiden Wege hinausführt, deutlich erkennbar bis heran an das kreisförmig geschriebene Jeremia-Zitat, scheint bei dieser Betrachtungsweise allerdings optisch nicht ganz stimmig zu sein: Meiner Vorstellungskraft nach müsste er etwa in der gleichen Höhe wie die Wege enden, eigentlich sogar oben offen sein; nur dann würde er – immer aus der »Vogelperspektive« gesehen – klar und deutlich erkennbar in das Gipfelplateau hineinmünden.

Die Versuchung liegt nahe, der Sicht von P. Efrén zu folgen. Er erblickt in Juans Skizze, ebenfalls von oben her gesehen, einen Berg-

6

kegel, dessen Gipfelplateau allein von der Kreisfläche, die das lateinische Jeremia-Zitat umschließt, gebildet wird; sie wirkt dann wie die obere Fläche einer abgeschnittenen Kegelspitze. Der große, das ganze Blatt umrundende Bogen stellt in dieser Optik für P. Efrén den unteren Rand des gesamten Bergkegels dar, sodass die breite Fläche dazwischen (auf der unter anderem die »Früchte des Geistes« zu lesen sind) optisch zu einem rundumlaufenden, schräg ansteigenden Berghang wird, an dessen vorderer Seite Pfad und Wege nach oben führen. In dieser »Lesart« wäre, rein *graphisch* gesehen, alles stimmig: Der Pfad erreicht das (kleine) Gipfelplateau, die Irr-Wege bleiben auf halber Höhe im Berghang stecken ...[75] Juans Eintragungen auf dem vermeintlichen Berghang würden dann aber *inhaltlich* nicht stimmig sein: Den Satz *»Hier gibt es keinen Weg mehr ...«* zum Beispiel hätte er demnach nicht auf das Gipfelplateau, sondern an den Fuß des Berghangs geschrieben. Auf dessen gegenüberliegender Seite aber gibt es doch Pfad und Wege! – So bestechend P. Efréns Optik zunächst scheint, auch sie kann meines Erachtens nicht authentisch bzw. nicht im Sinne Juans sein.

Ich bin der Auffassung, dass der Pfad – zusammen mit den Wegen – *im Querformat* des Merkzettels betrachtet werden muss. So, im Querformat, hat Juan ihn beschriftet; so will er ihn meines Erachtens auch gedeutet wissen. Er gehört dann, wie die Wege, auf das Gipfelplateau selbst, und seine Botschaft hat Gültigkeit »quer durchs Leben hindurch« ...

Nicht Aufstieg, sondern Umstieg

Wohl sehr bewusst unterscheidet Johannes vom Kreuz sprachlich zwischen *Weg (camino)* und *Pfad (senda)*. Sein Pfad ist kein Weg – ein Holzweg ohnehin nicht, aber auch kein Glaubensweg im eigentlichen Sinne. Er ist nicht der richtige Weg im Unterschied zu den beiden falschen Wegen; er ist gar kein Weg. Er steht in Juans Skizze weder für eine »Technik«, die man anwenden müsste, um Stufe für Stufe die »Höhen« des geistlichen Lebens zu erklimmen, noch für ein

Verdienste-Sammeln um eines göttlichen Lohnes willen. Juan beschriftet ihn nicht mit Anweisungen, was zu tun sei. Dem Titel folgt vielmehr sechsmal hintereinander ein »nada«: »nichts. nichts. nichts. nichts. nichts. nichts ...« – korrespondierend zu dem sechsmaligen »weder dies – noch das«, womit, durch Verweisstriche gekennzeichnet, die Irr-Wege zurückgewiesen werden, die der »Geist der Unvollkommenheit« sich schafft. Der Pfad sagt also nicht, was der Mensch tun soll, sondern eher, was er *lassen* soll: Er soll den Holzwegen nicht folgen. *Um das »Leben in Fülle« zu finden*, so lautet hier Juans Botschaft, *lass die »Wege« und geh den Weg!*

Der *Weg* des christlichen Lebens, auf den Fray Juan seine Mitmenschen führen will, ist allein der »Weg der Einung«, das Einssein mit Gott und den Menschen im Prozess der Einigung, symbolisiert im Gipfelplateau. Den Pfad hat Juan nur deshalb zwischen die Holzwege gezeichnet, weil er darauf hinweisen möchte, dass man die egozentrierten utilitaristischen und hedonistischen Motive zurücklassen muss, um den Fuß auf den Weg setzen bzw. um auf diesem Weg *bleiben* zu können. Denn in dem Maße ein solcher »Geist der Unvollkommenheit« das Denken und Handeln, das Beten und Meditieren bestimmt, kann das Leben nicht gelingen.

Das *Lassen* kann freilich ein sehr aktives *Tun* bedeuten – zumal, wenn die Holzwege bereits begangen werden. Dann ist ein *Ver*lassen und *Los*lassen nötig. Der Pfad steht dann für *den Schritt, den einer tun muss, um vom falschen auf den richtigen Weg zu wechseln* – und dieser Schritt ist ein Leben lang nötig, auch für denjenigen, der den Weg der Einung grundsätzlich längst gefunden hat.

Der Religionswissenschaftler Erhard Meier vergleicht das Verhältnis zwischen dem Pfad und dem Weg der Einung in seiner Dissertation über Johannes vom Kreuz mit der Beziehung zwischen einem Pfeil und einem Bogen: »Um das Ziel zu erreichen, muss der Pfeil den Bogen verlassen. Aber ohne den Bogen ist das Ziel ... nicht erreichbar.«[76] Dieses Bild spricht umso mehr, wenn man an ein Wort des hl. Augustinus denkt: er hat das bewusst auf Gott hin ausgerichtete Beten ein »*Pfeilgebet*« genannt.[77] Der Flug des Pfeils wäre hier der Weg: die Hinwendung, die »liebende Achtsamkeit« zu Gott und zu den

74

Mitmenschen hin. Der Pfad steht dann in Juans Skizze für einen Akt, den der Mensch, gleich dem Bogen – oder besser: gleich einem Bogenschützen –, vollziehen muss, damit der Pfeil fliegen, damit der Pfeil-Weg gegangen und das »Leben in Fülle« gelebt werden kann.

Es geht hier nicht um einen »Aufstieg« im aszetisch-methodischen Sinne, sondern um einen bewusst zu vollziehenden *Ausstieg*: um den Ausstieg aus einer – wenn auch in den Kirchen und auf dem Markt religiöser Angebote noch so sehr verbreiteten – »Milch-und-Käse-Frömmigkeit«; und es geht zugleich um einen *Einstieg*: um den Einstieg in die Lebensart, die Jesus vorgelebt hat, hin zum *mystischen Aufstieg*, zu immer lebendigerem (»höherem«) *In-Beziehung-Sein mit Gott und seiner Schöpfung*, um nichts mehr und nichts weniger.

Ein anderes Bild, das meines Erachtens sehr genau trifft, was Fray Juan mit seinem Pfad gemeint hat, verdanken wir Thérèse von Lisieux. In einer Zeit, in der das kirchliche Klima in Frankreich noch stark von den Auswirkungen des Jansenismus geprägt ist – einer besonders rigoristischen Art der »Werke-Frömmigkeit« – und der »Berg der Vollkommenheit« in der Version des Diego de Astor mit seinem Ruf zu aszetischer Strenge das Leben in den Karmelklöstern bestimmt, macht die »kleine« Thérèse eine für sie erlösende Entdeckung:

»Wir leben in einem Jahrhundert der Erfindungen, man nimmt sich jetzt die Mühe nicht mehr, die Stufen einer Treppe emporzusteigen, bei den Reichen ersetzt ein Fahrstuhl die Treppe aufs Vorteilhafteste. Auch ich möchte einen Aufzug finden, der mich zu Jesus emporhebt, denn ich bin zu klein, um die beschwerliche Treppe der Vollkommenheit hinaufzusteigen. Ich suchte daher in den heiligen Büchern nach einem Hinweis auf den Fahrstuhl, den ich begehrte, und ich stieß auf die aus dem Munde der Ewigen Weisheit kommenden Worte: Ist jemand GANZ KLEIN, so komme er zu mir (Spr 9,4). So kam ich denn, ahnend, daß ich gefunden hatte, was ich suchte, und weil ich wissen wollte, o mein Gott!, was du dem ganz Kleinen tätest, der deinem Ruf folgen würde, setzte ich meine Erkundungen fort, und schauen Sie, was ich fand: Wie eine Mutter ihr Kind liebkost, so will ich euch trösten; an meiner Brust will ich euch tragen und auf meinen Knien euch wiegen (Jes 66, 13/12)!

Ach! niemals sind zartere, lieblichere Worte erfreuend an meine Seele gedrungen; der Fahrstuhl, der mich bis zum Himmel emporheben soll, deine Arme sind es, o Jesus! Dazu brauche ich nicht zu wachsen, im Gegenteil, ich muß klein bleiben, ja, mehr und mehr es werden. O mein Gott, du hast meine Erwartung übertroffen, und ich, ich will deine Erbarmungen besingen.«[78]

An diesem Bild wird zugleich deutlich, dass Juans Pfad nicht nur den Ausstieg aus den Holzwegen des religiösen Utilitarismus und Hedonismus einfordert, sondern ebenso auch aus dem Irrweg der unheilvollen »Werkgerechtigkeit«. Es geht beim Pfad des Johannes vom Kreuz nicht darum, wie Thérèse noch glauben musste, mühsam »die Stufen einer Treppe emporzusteigen«. Der »ganz neue kleine Weg«[79], den sie »in den heiligen Büchern« fand, ist gar nicht so »neu«, wie sie meinte; der unverfälschte »kleine (!) Berg« ihres Ordensvaters hätte ihn ihr zeigen können. Sein Pfad meint nicht einen aszetischen Aufstieg, sondern vielmehr den *Ausstieg* aus jeder Art aszetischer Aufstiegsfrömmigkeit! Und er steht zugleich für den *Einstieg* in eben diesen »Fahrstuhl« der Liebe Gottes, für den Einstieg in den *mystischen Aufstieg*, den Thérèse – ganz im Sinne der ursprünglichen Aufstiegs-Theologie[80] – als »Aufzug« der Liebe Gottes gefunden hat. Ein solcher *Umstieg* aber kann durchaus ein Akt sein, der ein gehöriges Maß an »Aszese« erfordert.

Ein stets notwendiger aszetischer Kraftakt

Die nun gemeinte Aszese ist aber weder ein »Verdienste«-Sammeln noch hat sie etwas mit dem Anwenden bestimmter spiritueller Methoden zu tun.

Auch hat diese Aszese nichts mit Weltverachtung oder gar mit Abtötung natürlicher menschlicher Triebkräfte gemein. Das »nada« bezieht sich nicht auf die vermeintlich negative Welt. Denn nicht Gott und Welt, nicht Religiöses und Weltliches, nicht Seele und Leib sind für Johannes vom Kreuz die Gegensätze, auf die der Mensch zu achten hätte; in unversöhnlichem Gegensatz zueinander stehen vielmehr das *In-Beziehung-Sein* und das *Auf-Sich-Selbst-Bezogen-Sein* bzw. das *Alles-An-Sich-Binden* – im Bereich des »Weltlichen« wie auch des »Religiösen«. Das »*nichts. nichts. nichts. nichts. nichts. nichts ...*« gilt den Irr-Wegen des egozentrierten, auf sich selbst zurückgekrümmten und alles »einkurvenden« Herzens. Weder die erstrebten »Güter des Irdischen« noch die »Güter des Himmels« sind dabei im Visier des kritischen Seelsorgers – sie können durchaus kostbar und erstrebenswert sein! –, sondern die vom Haben-Wollen und Genießen-Wollen her motivierte *Einstellung* zu ihnen.

Und natürlich sind nicht Gebet, Meditation und sonstige bewährte »Werke der Frömmigkeit« zu lassen, sondern die *instrumentalisierende, verzweckende Motivation*, mit der sie vollzogen werden.

Gerade Johannes vom Kreuz, der zeitlebens Seelsorger war, weiß um all das quälende Leid, das dort entsteht, wo der Mensch egozentrisch an sich bindet, was ihm als wertvoll begegnet: die Dinge, die Menschen, Erkenntnisse und Wissen, die Erfahrung, geachtet und geehrt zu sein, Einfluss zu haben und etwas bewegen zu können, innerliche Empfindungen in den zwischenmenschlichen Beziehungen und in der Beziehung zu Gott ...

Das qualvollste Leid aber begegnet ihm dort, wo der Mensch – statt sich an Gott zu binden – Gott an sich bindet! Der »für mich« beanspruchte, für persönliche, kirchliche, gesellschaftliche Pläne und Überzeugungen in Dienst genommene oder in Bild und Begriff festgelegte und in »inneren Erfahrungen« festgehaltene »Gott« steht der Wirklichkeit des Reiches Gottes gleichermaßen entgegen wie das egozentrierte Festhalten an sich selbst, an Menschen und an Dingen.

Und so viele Christen – viele »Hirten« voran – erkennen ihr Elend nicht einmal! Diese für ihn so schmerzliche Erfahrung hat sich Fray Juan zu Beginn des AUFSTIEGS regelrecht aus der Seele geschrieben:

»Bewogen hat mich (dies alles zu schreiben) ... die große Not, die viele Menschen haben ... Wenn diese sich auf den Weg der Tugend begeben, und unser Herr sie in die dunkle Nacht versetzen will, damit sie durch sie hindurchgehen zur gottgewirkten Gotteinung, gehen sie nicht wei-

ter: manchmal, weil sie nicht hineingehen oder sich hineinbringen lassen wollen, manchmal, weil sie sich nicht verstehen und es ihnen an geeigneten und wachen Führern fehlt, die sie auf den Gipfel führen.

Es ist schade, viele Menschen zu sehen, denen Gott Talent und Gnade gegeben hat um weiterzukommen, sodass sie, wenn sie sich aufraffen wollten, zu dieser hohen Verfassung gelangten, die aber in einer unzulänglichen Art des Umgangs mit Gott verbleiben, weil sie sich von diesen Anfängen nicht lösen wollen noch es können, oder sie niemand einweist und unterrichtet. Wenn unser Herr ihnen letztendlich doch soviel Gunst erweist, dass er sie ohne das eine und ohne das andere weitergehen lässt, so kommen sie viel später und unter größerer Mühe und mit weniger Gewinn an, weil sie sich Gott nicht angepasst haben, indem sie sich frei auf den unverfälschten und sicheren Weg der Gotteinung stellen lassen.

Denn wenn es auch wahr ist, dass Gott sie trägt und sogar ohne ihr Zutun tragen kann, so lassen sie sich nicht tragen; und da sie so dem, der sie trägt, Widerstand leisten, geht es weniger voran, und sie gewinnen nicht so viel, weil sie ihren Willen nicht einsetzen, und gerade darin leiden sie mehr. Es gibt nämlich Menschen, die statt sich Gott zu überlassen und sich zu helfen zu wissen, Gott durch ihr unkluges Wirken oder ihr Widerstreben eher stören, und den Kindern ähnlich sind, die zu strampeln und zu weinen beginnen, sobald ihre Mütter sie auf den Arm nehmen wollen, und unbedingt auf eigenen Füßen gehen wollen, sodass man dann gar nicht mehr weiterkommt, und wenn man weiterkäme, wäre es mit Kinderschritten.« (Vorw., 3)

Juan weiß aber auch um den *Ausstieg*, der aus dieser Quälerei befreit. Auf dem Gipfelplateau stehen, nun verständlich, die Worte: *»Nichts bereitet mir Pein«*.

Was Johannes vom Kreuz hier einfordert, kann sehr mühsam sein. Es braucht in der Tat ein gehöriges Maß an Aszese, um Einstellungen und Motivationen loszulassen, mit denen das »auf sich selbst zurückgekrümmte Herz« zu leben, auch religiös zu leben, nun einmal gewohnt ist. Meiner seelsorglichen Erfahrung nach – ich begleite vor allem Menschen, die an Exerzitienkursen teilnehmen und bewusst geistlich leben wollen! – tun sich auch heute besonders diejenigen damit schwer, die in Elternhaus und Pfarrgemeinde, in Klöstern und kirchlichen Gemeinschaften von der »Spiritualität« der Holzwege und der Leistungsfrömmigkeit ihr Leben lang geprägt worden sind; nicht ganz so »kirchentreuen« Christen und solchen, die das Glück hatten, in der Kirche einem Geist aus der anderen Perspektive zu begegnen, fällt es oft leichter, »den Bogen zu spannen«, die Holzwege zu verlassen und sich dem »Pfeil«-Weg zuzuwenden. Auch hat es wohl etwas mit der charakterlichen, gesamtmenschlichen Reife zu tun, ob jemand längere oder kürzere Zeit braucht, sich selbst und seine »Begehrlichkeit« zurückzunehmen. Ein aszetischer Kraftakt, das eine Mal mehr, das andere Mal weniger, bleibt es auf jeden Fall.

Und auch da ist Johannes vom Kreuz Realist durch und durch: Er weiß, dass selbst derjenige, der den »Weg der Einung« längst gefunden hat, immer wieder aufs Neue *los*lassen muss, um sich *ein*zulassen. Ihm schreibt er auf den Pfad: » ... *und sogar auf dem Berg: nichts.*«

Der »Weg der Reinigung (via purgativa)« geht dem »Weg der Einigung (via unitiva)« nicht voran, wie mancher »Bergbesteiger« im Gefolge des neuplatonisch geprägten Pseudo-Dionysius Areopagita (5. Jh.) glaubte; es ist ein und derselbe Weg, der um der Einigung willen der Reinigung bedarf und in der Einigung die Kraft zur Reinigung findet. Aszese in diesem Sinne ist ein *stetiger* Begleiter auf dem Weg, und der Pfad bleibt ihr Symbol *auf* dem Gipfel. Edith Stein, die freilich wie Thérèse von Lisieux noch den Berg des Diego de Astor für den ihres Ordensvaters hielt, schreibt 1940 aus dem Karmel in Echt:

»Seit einigen Wochen habe ich auch für den Betrachtungsstoff zu sorgen und nehme jetzt zur Vorbereitung auf das Fest (sie meint das Fest des hl. Johannes vom Kreuz am 14. Dezember) *kleine Abschnitte aus dem Aufstieg zum Berge Karmel. Das war auch mein Betrachtungsstoff in den Exerzitien vor der Einkleidung. Jedes Jahr ging es dann eine Stufe weiter – in den Bänden des hl. Vaters Johannes, nicht etwa, daß ich damit Schritt gehalten hätte ...«*[81]

Ein »Kraftakt« Gottes für den Menschen und mit dem Menschen

Mehrmals verweist Johannes vom Kreuz in seinen Schriften auf jene Stelle im Matthäusevangelium, in der vom »schmalen Weg« die Rede ist (Mt 7,13/14). Er schreibt dazu:

»Diesen Weg muss ein Mensch für gewöhnlich durchschreiten, um zu dieser tiefen und beglückenden Gotteinung zu gelangen. Weil dieser Weg so schmal ist und weil nur so wenige Menschen auf diesem Weg in die Gotteinung eintreten – wie auch der Herr selbst sagt (Mt 7,14) –, betrachtet es der Mensch als großes Glück und gutes Geschick, dass er ihn bis zur … Vollkommenheit der Liebe durchschritten hat.« (DUNKLE NACHT, Vorwort)

Wohl ist es wahr – das weiß der Seelsorger Johannes vom Kreuz sehr gut –, dass diesen »schmalen Pfad« nur wenige Menschen gehen. Aber das heißt nicht, dass ihn nur wenige gehen können! Denn Gott lässt den Menschen dabei nicht allein. Er hilft ihm – auch das weiß Juan aus eigener und hundertfach aus seelsorglicher Erfahrung –, indem er die Bitten (scheinbar) *nicht* erhört, die »Werke« *nicht* »belohnt« und die erstrebte »Erfahrung« seiner Nähe *entzieht*. Das zu erleben, kann überaus schmerzlich und zunächst sehr verwirrend sein. Johannes vom Kreuz hat für solche »Frustrationserfahrungen« im religiösen Leben das Bildwort *dunkle Nacht* geprägt.[82] Was Gott hier tut – auch dafür steht der Pfad der Gipfelskizze! Juan nennt daher » … diesen schmalen Weg sehr zutreffend eine dunkle Nacht« (ebd.).

Das »nada« des Pfads meint also nicht allein und nicht zuerst ein »Werk« des Menschen; es steht auch für einen *Kraftakt Gottes*. Das »Werk«, das hier gefordert ist, ist ein *Gemeinschaftswerk*; es besteht darin, dass der Mensch loslässt, was ihm von Gott »genommen« wird. Das »Hinausgehen aus sich selbst und aus allen Dingen«, so erklärt Juan rückblickend auf eigene »Nacht«-Erfahrungen, »konnte sie (die Menschenseele) vollziehen, *weil die Liebe ihres Bräutigams ihr in dieser dunklen Kontemplation die Kraft und Wärme dazu gab«*

(DUNKLE NACHT, Erkl., 1f). Auf einem seiner Merkzettel bringt er diese Erfahrung betend zum Ausdruck:

»Wer wird sich von seinen unzulänglichen Verhaltensweisen und Begrenztheiten befreien können, wenn nicht du, mein Gott, ihn in lauterer Liebe zu dir erhebst? Wie aber wird sich der in Unzulänglichkeiten gezeugte und aufgewachsene Mensch zu dir erheben, wenn nicht du ihn erhebst, o Herr, mit der Hand, mit der du ihn erschufst?« (MERKSÄTZE, 26[83])

Johannes vom Kreuz lobt die weise Pädagogik Gottes (vgl. vor allem II AUFSTIEG 17 u. I DUNKLE NACHT 1,2), die frei macht von einer noch recht selbstsüchtigen Frömmigkeit, die Gott immer nur »gebraucht«. Denn wie eine zwischenmenschliche Beziehung in einer solchen Haltung nicht gelingen kann, so auch die Gottesbeziehung nicht. »Freundschaft mit Gott« kann nur entstehen, wenn ich sagen lerne: Gott, du darfst Gott sein, du darfst alles so machen, wie du es willst oder zulassen willst; du darfst mir nahe sein, wenn du mein Herz anrühren willst, du darfst aber auch der scheinbar ferne Gott sein, wenn du »fern« sein willst. Du bist es wert, der zu sein, der du bist: der immer »ganz Andere«, Überraschende, auch der für meine Erfahrung manchmal »Enttäuschende«, du darfst Gott sein – so wie ich vor dir Mensch sein darf, der Mensch mit dem gekrümmten Herzen ...

Die Verse

Unter der Berg-Darstellung des Diego de Astor stehen, in Kolumnen geordnet, vier kleine Texteinheiten. Der Betrachter liest sie, indem er das hoch aufsteigende Bergmassiv vom Fuß bis zum Gipfel vor sich sieht. Ähnlich sind sie auf einer der vier alten Nachbildungen angeordnet (S. 59, Skizze d). Auf dem Merkzettel von Beas, an ihrem ursprünglichen Platz, kann man diese Verse dagegen nur lesen, wenn man das Blatt ins Querformat wendet (so auch Skizze c, S. 58). Johannes vom Kreuz hat sie also *neben*, nicht unter die Gipfelskizze geschrieben. Sie sind auch hier in vier Einheiten gegliedert, wovon die ersten drei in poetischer Form gestaltet sind. Leicht abgeändert finden wir sie im AUFSTIEG AUF DEN BERG KARMEL wieder (I 13,11-13).

Ein Nein um »des Alles« willen

Inhaltlich sind Juans Verse durch und durch von dem mehrmals wiederkehrenden Wörtchen »*todo*« geprägt. »Todo« steht für »*alles*«, »el todo« (der Ausdruck kann im Spanischen sowohl Neutrum als auch Maskulinum sein) für »*das Alles/das Ganze*« und für »*den Alles/den Ganzen*«. Um dieses El Todo willen, der *alles* für uns Menschen will und in dem wir *als Ganze ganz das Ganze* finden, sagt Juan sein »nada«.

Günter Benker OCarm aus dem Konvent des karmelitanischen Stammordens in Ohrdruf/Thüringen kommt nach einer ausführlichen Analyse des »Todo/Nada-Programms«[84] zu dem Ergebnis: Juans seelsorgliches Ziel ist »*der in der Einheit mit Gott zum Alles befreite Mensch*«[85]. Die Verse wären also gründlich missverstanden, würde man in ihnen einen Aufruf zum Verzicht auf alles Schöne im Leben

7

sehen wollen. »Der Gedanke Juans geht keineswegs dahin«, so Günter Benker, »Genuss, Besitz usw. als etwas Negatives anzusehen, sondern ihnen ihren wirklichen Platz zuzuweisen, an dem sie dann auch ihren realen Wert haben.«[86] Juan selbst hat das wiederum in einem Gebet so ausgedrückt:

»Du nimmst mir ja nicht weg, mein Gott, was du mir in deinem einzigen Sohn Jesus Christus einmal gegeben hast, und in ihm hast du mir alles (todo) gegeben, was ich möchte ...« (MERKSÄTZE, 26[87])

Nichts, so betont Juan in den Versen neben seiner Skizze noch einmal, *nichts* als Gott selber musst du in Gott suchen. Erst in der gänzlich unverzweckten Ich-Du-Beziehung mit ihm, in einem Beten, das nichts von ihm »haben«, nichts bei ihm erreichen will, in einem Meditieren, das auf keinerlei »Genuss« aus ist, nichts »bringen« muss und – scheinbar – nichts als »verplemperte Zeit« ist, findest du ihn. Dann erst findest du *»den Ganzen«* und in ihm *»das Ganze«*. Und dann erst bist *du* »ganz«.

Ein Mensch, der diese Erfahrung kennt, kann mit Johannes vom Kreuz sagen:

»Mein sind die Himmel und mein ist die Erde; mein sind die Völker, die Gerechten sind mein und mein die Sünder; die Engel sind mein, und die Muttergottes und alle Dinge sind mein, ja Gott selbst ist mein und für mich, denn Christus ist mein und ganz für mich.

Was erbittest und suchst du also noch, meine Seele? Dein ist all dies, und alles ist für dich. Gib dich nicht mit etwas Geringerem ab und schiele nicht auf die Brosamen, die vom Tisch deines Vaters fallen. Lass das alles und rühme dich deiner Herrlichkeit; verbirg dich in ihr und freue dich, und du wirst erlangen, was dein Herz erbittet.« (ebd.)

Der Umstieg vom spirituellen Ego-Trip in den »Aufzug« der Liebe ermöglicht den *wirklichen* »Genuss« all der Kostbarkeiten »vom Irdischen« und »vom Himmel«.

Fray Juans »Gotteinigungs-Programm«

Juans Verse sind, so Erhard Meier, ein *»Gotteinigungs-Programm«*[88].
Gelesen im Querformat – *neben* der Gipfelskizze und in der sich daraus ergebenden Glaubensperspektive – müssen sie nun nicht näher kommentiert werden. Nur dem bleiben sie unverständlich, nur der wird sie missverstehen müssen und folglich vor ihnen erschrecken, der die Skizze aus der Perspektive von unten betrachtet und in ihr eine Anleitung zur »Bergbesteigung« sehen möchte. Diese Zeilen *sind* der Kommentar – zu allem, was Pfad und Wege und Gipfelplateau bildhaft zum Ausdruck bringen. Sie sind, aus Lebenserfahrung auf den Punkt gebracht, die Frohbotschaft Jesu von »dem Ganzen«, um dessentwillen es sich lohnt, immer wieder neu auf den Weg umzusteigen, den sein »Abba«-Gott uns möglich macht.

Para venir a gustarlo todo	*Um dahin zu kommen*
	Alles zu schmecken
no quieras tener gusto en nada	*suche in nichts Geschmack*
para venir a saberlo todo	*um dahin zu kommen*
	Alles zu wissen
no quieras saber algo en nada	*suche in nichts etwas zu wissen*
para venir a poseerlo todo	*um dahin zu kommen*
	Alles zu besitzen
no quieras poseer algo en nada	*suche in nichts etwas zu besitzen*
para venir a serlo todo	*um dahin zu kommen*
	Alles zu sein
no quieras ser algo en nada.	*suche in nichts etwas zu sein.*

Para venir a lo que gustas	*Um zu erlangen was du nicht schmeckst*
has de ir por donde no gustas	*geh wo du nicht schmeckst*
para venir a lo que no sabes	*um zu erlangen was du nicht weißt*

has de ir por donde no sabes
para venir a poseer lo que
   no posees
has de ir por donde no posees
para venir a lo que no eres

has de ir por donde no eres.

Cuando reparas en algo
dejas de arrojarte al todo
para venir del todo al todo

has de dejarte del todo en todo
y cuando lo vengas del todo
   a tener
has de tenerlo sin nada querer.

En esta desnudez halla el
espíritu su descanso, porque no

comunicando nada, nada le
fatiga hacía
arriba, y nada le oprime

hacía abaja, porque está en
el centro de su humildad.

geh wo du nicht weißt
um zu besitzen was du
   nicht besitzt
geh wo du nicht besitzt
um zu erlangen was du
   nicht bist
geh wo du nicht(s) bist.

Sowie du bei etwas verweilst
gehst du nicht mehr zum Alles
um in allem zum Alles
   zu kommen
ist im Alles Alles zu lassen
und wenn du dahin kommst
   Alles zu haben
habe es ohne es haben
   zu wollen.

In diesem Leersein findet der
Geist seine Ruhe, denn
   da er auf
nichts versessen ist, ermüdet
   nichts
ihn aufwärts, und nichts
   drückt ihn
abwärts, weil er steht im
Zentrum seiner Demut.

Nachwort:

Die andere (Zukunfts-)Perspektive

Der Beginn des neuen Jahrtausends wird gern zum Anlass genommen, um über die Zukunft des Christentums nachzudenken. Wenn es dabei nicht nur um Ämter und Strukturen in der Kirche geht, heißt die Frage der Prediger, der Vortragsreferenten, der Journalisten und der Buchautoren: *Welche Perspektive hat der christliche Glaube am Beginn des dritten Jahrtausends?* – Ich möchte am Schluss dieses Buches eine Antwort wagen: *Die Perspektive unseres Glaubens hängt von der Perspektive ab, aus der wir den Glauben betrachten.* In seinem mehrdeutigen Sinn meine ich mit dem Wort »Perspektive« hier sowohl *Zukunftsaussicht* wie *Sichtweise/Blickrichtung* – und das eine hat, so scheint mir, mit dem anderen zu tun.

Es gibt eine Sichtweise des Glaubens in den christlichen Kirchen, eine Art und Weise, Religion zu verstehen und zu praktizieren, die zunehmend mehr Menschen nicht mehr mitvollziehen können. Sie wirkt weltfern, abgehoben von der Realität, ja verbogen, abergläubisch, da und dort sogar sektiererisch, und hat so manche Christen krank gemacht oder doch um ein gutes Maß an Lebensqualität gebracht. Dennoch wird sie Zukunft haben: Die »Werke-Frömmigkeit«, die spirituell verbrämten Holzwege des Utilitarismus und des Hedonismus und andere Fehlformen des religiösen Lebens mehr, die in diesem Buch nicht ausdrücklich zur Sprache gekommen sind, dazu noch ein Geist der Enge und des Prinzipiendenkens, der sich gern als »Rechtgläubigkeit« und »Treue zur Kirche« darstellt, all das hat auch heute Konjunktur in Pfarrgemeinden, kirchlichen Gruppen und Kreisen, Klöstern und geistlichen Gemeinschaften.

Und die spirituellen »Neuaufbrüche« in und »neben« den Kirchen? Gefragt in einem Fernsehinterview, ob diese neuen Formen »auch zwangsläufig eine christliche Spiritualität« darstellten, antwortet der katholische Pastoraltheologe Paul Michael Zulehner aus Wien:

»Zunächst wissen wir noch zu wenig über diese neuen Aufbrüche. Der Schlüsselunterschied wird darin bestehen, ob jemand bei seiner spirituellen Suche Gott im strengen Sinn des Wortes sucht, das, was wir Gottes Geheimnis nennen. Ob er wirklich hinter Gott her ist als einem Gott, in dem er zwar lebt, sich bewegt und ist (Apg 17,28), der er selber aber nicht ist. Oder ob, im Modus des Selbstverwirklichungsmilieus, Menschen darauf aus sind, sich in der Restaurierung, in der Ausweitung, Stärkung und Entstressung ihres eigenen Ichs aufzuhalten. Der Sinn der Spiritualität wäre dann erstaunlich funktional, weil er Wohlbefinden und Wellness bringen soll – weswegen für diesen zweiten, nicht Gott suchenden Typ der Spiritualität auch schon der Begriff gefallen ist, es handele sich um eine therapeutisch sehr ergiebige Wellness-Spiritualität. Was solche Spiritualität nicht abwertet, aber ihr einen sehr begrenzten religionskritischen Raum zuweist: Gott lässt sich nicht benützen.«[89]

Johannes vom Kreuz gehörte schon in seinem 16. Jahrhundert zu denen, die diesem Geist der »Wellness«-Religion – ob sie nun in alten oder neuen Kleidern daherkommt – eine *andere Perspektive* entgegenhielten, eine andere Art, den Glauben zu sehen und zu verstehen. Auch seine Sicht von Gott, vom Menschen, von Spiritualität und praktischer Frömmigkeit, von der Kirche und von den Geheimnissen des Glaubens hatte Zukunft und wird Zukunft haben, wenn auch – damals wie heute – angefochten und leidvoll.

Der eine wie der andere Geist hat also, wenn nicht alles täuscht, Zukunftsperspektive im dritten Jahrtausend. Die Frage ist: Von welchem Geist werde *ich* mich leiten lassen?

Auf die Sichtweise wird es ankommen, sagt uns Johannes vom Kreuz. Den Blick auf den großen Liebenden aus Nazaret gerichtet, lässt er sich von *seiner* Seh-Weise leiten, nimmt er, wie viele andere vor ihm und nach ihm, *seine* Perspektive ein. In der Frohbotschaft vom »Weg der Einung«, um den Jesus am Abend vor dem Karfreitag so sehr für die Jünger und »für alle, die durch ihr Wort an mich glauben« gebetet hat (Joh 17), findet er die *Glaubensperspektive*, die seinem Leben und dem Leben vieler seiner geistlichen Söhne und Töchter *Zukunftsperspektive* gab und geben wird. Doch was immer im Herzen des Einzelnen gemeint ist, wenn ein Mensch Gott sucht – Fray Juan ist überzeugt: » *... viel mehr noch sucht Gott den Menschen.* «

Anmerkungen

1   *M. Jacques Maritain*, Les Degrés du Savoir, Paris 4. Aufl. 1946, 706.

2   *Heinrich von Gundelfingen*, in: *Werner T. Huber*, Bruder Klaus. Nikolaus von Flüe in den Zeugnissen seiner Zeitgenossen, Zürich-Düsseldorf: Benziger 1996, 160.

3   S. dazu: *Ulrich Dobhan*, Der Teresianische Karmel von seinen Anfängen bis zur Gegenwart, in: *Günter Benker*, Die Gemeinschaften des Karmel, Mainz: Matthias-Grünewald-Vlg. 1994, 38-50.

4   Ausführliche Biografien s. im Literaturverzeichnis, S. 95.

5   Bibliographische Angaben zu seinen Werken s. im Literaturverzeichnis, S. 94.

6   Im theologischen Schrifttum gebräuchliches Wort (San Juan = hl. Johannes); entsprechend auch »Sanjuanistik«.

7   Das Gesamtkonzept der Spiritualität Juans ist ausführlicher dargestellt in meinen Büchern: Mystik – Quell der Vernunft. Die ratio auf dem Weg der Vereinigung mit Gott, Leipzig: Benno 1990 (EThSt, Bd. 60), 46–66; »Liebst du mich?« – Impulse für eine Notwendende Hirtenspiritualität, Leipzig: Benno 1994, 94–111 (Ein Wegbegleiter in die Zukunft); Mein sind die Himmel und mein ist die Erde. Geistliches Leben nach Johannes vom Kreuz, Würzburg: Echter 1989; Johannes vom Kreuz. Gestalt – Begegnung – Gebet, Freiburg-Basel-Wien: Herder 1993, und in: *Christian Möller (Hg.)*, Geschichte der Seelsorge in Einzelporträts, Bd. 2, Göttingen u. Zürich: Vandenhoeck & Ruprecht 1995, 161–176 (Johannes vom Kreuz).

8   Die Zitate aus Juans Schriften sind in der Regel folgender Neuübersetzung des Gesamtwerkes entnommen: *Johannes vom Kreuz*, Sämtliche Werke, Bde. 1-5, hg., übers. u. eingel. v. *Ulrich Dobhan/Elisabeth Hense/Elisabeth Peeters*, Freiburg-Basel-Wien: Herder 1995–2000 (s. Literaturverzeichnis S. 94ff.). – Die MERKSÄTZE sind veröffentlicht in Bd. 2, Worte von Licht und Liebe. Briefe und kleinere Schriften, hier: 126.

9   Die Werke AUFSTIEG AUF DEN BERG KARMEL und DIE DUNKLE NACHT sind von Johannes vom Kreuz in »Bücher« (= Hauptteile) eingeteilt; in der Stellenangabe bezeichnet die röm. Ziffer vor dem Titel (hier z. B.: I AUFSTIEG 4,3) das entsprechende »Buch«, danach folgen die Angaben für Kapitel und Abschnitt.

10 In: Worte von Licht und Liebe, 118.

11 Wörtlich: »Wenn die Menschenseele Gott sucht, so sucht sie ihr Geliebter noch viel dringlicher.«

12 DER GEISTLICHE GESANG liegt in einer ursprünglichen Fassung (A) und in einer von Juan überarbeiteten Fassung (B) vor; beide Fassungen sind auch in deutscher Übersetzung zugänglich (vgl. Literaturverzeichnis S. 94). Ich zitiere in der Regel aus Fassung A, gebe aber auch die Fundstelle in Fassung B an.

13 Deutsch in: Worte von Licht und Liebe, 105–140; s. darin auch die Einführung von Elisabeth Peeters, 95–104.

14 Kodex von Andújar (Autograph), deutsch in: ebd., 106–121.

15 Zt. n.: *José Vincente Rodríguez/Federico Ruiz Salvador* in: *San Juan de la Cruz*, Obras Completas, Madrid: Ed. de Espiritualidad 2. Aufl. 1984, 151.

16 S. vor allem: Vorw., 7.9; I 5,6f; I 13; II 8,7; III 2,12; III 15,1.

17 Der Aufstieg zum Berg Karmel des hl. Johannes vom Kreuz, in: *Silvano Giordano (Hg.)*, Der Karmel im Heiligen Land, Wien: Verlag Christl. Innerlichkeit 1995 (50-51), 50.

18 Eine Reproduktion sämtlicher Nachbildungen mit näheren Herkunftsangaben findet sich in folgenden Werken: *Lucinio Ruano*, Obras de San Juan de la Cruz, Madrid: BAC, 4. Aufl. 1960, 408-412 u. in späteren Auflagen; *Efrén de la Madre de Dios*, El Monte y el Castillo, Ávila: TAU 1987, 681 u. 685.

19 Unter der Archivierungsnummer Ms. 6.296, fol. 7r.

20 Vor allem: *Lucinio Ruano* in: *San Juan de la Cruz*, Obras Completas, Madrid: BAC, 11. Aufl. 1987, 66-75 u. 14. Aufl. 1994, 190–195; *José Vincente Rodríguez/Federico Ruiz Salvador* in: *San Juan de la Cruz*, Obras Completas, Madrid: Ed. de Espiritualidad 2. Aufl. 1984, 147–156; *Eulogio Pacho* in: *San Juan de la Cruz*, Obras Completas, Burgos: Ed. Monte Carmelo 1982, 117–125; *Michel Florisoone*, Esthétique et Mystique d'après Saint Thérèse d'Avila et Saint Jean de la Croix, Paris: Éditions du Seuil 1956, 113–121 u. 184–190; *Efrén de la Madre de Dios*, El Monte y el Castillo, Ávila: TAU 1987, 161ff. – Im deutschen Sprachraum: *Elisabeth Peeters* in: Worte von Licht und Liebe, 183–196; *Federico Ruiz Salvador* in: *Silvano Giordano (Hg.)*, Der Karmel im Heiligen Land, Wien: Verlag Christl. Innerlichkeit 1995, 50-51.

21 Introducción a San Juan de la Cruz. El hombre, los escritos, el sistema, Madrid: BAC 1968, 128.

22 Einen informativen Überblick über die Berg-Symbolik in der lateinischen, spanischen und französischen Literatur des 16. Jahrhunderts bietet: *Michel Florisoone*, Esthétique et mystique d'après Saint Thérèse d'Avila et Saint Jean de la Croix, Paris: Éditions du Seuil 1956, 117–121.

23 Subida del Monte Sión, 1535 erstmals veröffentlicht in Sevilla, dann an versch. Orten 1538, 1542, 1590, 1617 ..., zuletzt in: *Teodoro H. Martín (Hg.)*, VIA SPIRITUS de Bernarbé de Palma / SUBIDA DEL MONTE SIÓN de Bernardino de Laredo, Madrid: BAC 1998, 149ff.

24 Einen ersten Überblick über die Aufstiegstradition bietet: *Willibald Kammermeier*, Art. »Aufstieg« in: *Christian Schütz (Hg.)*, Praktisches Lexikon der Spiritualität, Freiburg: Herder 1988, 85-88.

25 Vgl. dazu die erhellenden Klarstellungen des evangelischen Neutestamentlers *Ulrich Luz* in seinem Buch: Die Jesusgeschichte des Matthäus, Neukirchen-Vluyn: Neukirchener Verlag 1993, 163–173 (Matthäus und Paulus).

26 Zt. nach : L'Osservatore Romano, dt. Wochenausgabe vom 19. November 1999, 47. – Der Text der Erklärung sowie allgemeinverständliche Erläuterungen der theologischen und historischen Hintergründe in: *Peter Lüning/Ralf Miggelbrink/Hans Jörg Urban/Joachim Wanke*, Gerechtfertigt durch Gott – Die gemeinsame lutherisch/ katholische Erklärung. Eine Lese- und Arbeitshilfe (Reihe: Handreichung für Erwachsenenbildung, Religionsunterricht und Seelsorge »zum Thema«), Paderborn: Bonifatius-Druckerei 1999.

27 Auf der Jakobsleiter. Der mystische Weg des Johannes vom Kreuz, Freiburg-Basel-Wien: Herder 1991, 126.

28 Zur Zeichnung des gekreuzigten Christus s.: *Hans Urs von Balthasar*, Juan de la Cruz, in: *Ulrich Dobhan/Reinhard Körner (Hg.)*, Johannes vom Kreuz – Lehrer des »Neuen Denkens«. Sanjuanistik im deutschen Sprachraum, Würzburg: Echter 1991 (41-98) 85-88

(zuerst veröffentlicht in: *ders.,* Herrlichkeit. Eine Theologische Ästhetik, Bd. II, Einsiedeln 1962); *Michel Florisoone,* Esthétique et mystique d'après Saint Thérèse d'Avila et Saint Jean de la Croix, Paris: Éditions du Seuil 1956, 94–113 u. 191–197; für die Meditation erschlossen in meinen Büchern: Geistlich leben. Von der christlichen Art, Mensch zu sein, Leipzig: Benno 2. Aufl. 1997, 9–12, und: Mein sind die Himmel und mein ist die Erde. Geistliches Leben nach Johannes vom Kreuz, Würzburg: Echter 1989, 50–58.

29 AaO. (s. vorstehende Anm., in der erstgenannten Veröffentlichung), 49.

30 Darauf verweist Johannes vom Kreuz in Lᴇʙᴇɴᴅɪɢᴇ Fʟᴀᴍᴍᴇ 1,25.

31 In: Worte von Licht und Liebe, 185.

32 AaO. (Anm. 28), 115.

33 El Monte y el Castillo, Ávila: TAU 1987, 177.

34 So *Efrén de la Madre de Dios,* aaO. 161f.

35 Zitat ebd., 162.

36 So *José Vincente Rodríguez / Federico Ruiz Salvador,* Dio parla nella notte, Arenzano (Genova) 1990, 212.

37 Johannes vom Kreuz – Der Sänger der Liebe, Würzburg: Echter 1985.

38 Hier in meiner Übertragung. Zu anderen Übersetzungsmöglichkeiten, zur literarischen Gestalt und zur Interpretation dieser Verse s. *Erika Lorenz,* Auf der Jakobsleiter, 93–102.

39 AaO., 171.

40 Johannes vom Kreuz zitiert aus dem Gedächtnis; wörtlich heißt es: »*In*duxi ... et *optima illius*«.

41 AaO., 59.

42 AaO., 41.

43 Ebd., 89.

44 Der Ausdruck kommt in Juans Schriften 14-mal vor.

45 S. th. II II q. 83 a. 3.: »Oratio est proprie religionis actus (Das Gebet ist im eigentlichen Sinne die Betätigung der Religion).«

46 In: Aufstieg auf den Berg Karmel, Herder 1999, 12 (Einführung).

47 Zur Begriffsgeschichte des »inneren Betens« und zur Deutung siehe mein Büchlein: Was ist inneres Beten?, Münsterschwarzach: Vier-Türme-Verlag (MKS 116) 1999.

48 Teresa hat ihre Lehre vom inneren Beten vor allem anhand des Vaterunser dargestellt, s. in: Weg der Vollkommenheit, Sämtliche Schriften Bd. VI, übers. v. *Aloysius Alkofer,* München u. Kempten: Kösel 1941, Kap. 19–42; in neuer Übertragung: *Teresa von Ávila,* Das Vaterunser meditieren. In der Gebetsschule Jesu, übers. v. *Reinhard Körner,* Leipzig: Benno 5. Aufl. 2001.

49 Die wenigen Briefe und Gesprächsaufzeichnungen von Bruder Lorenz sind deutsch veröffentlicht in: *Bruder Lorenz,* Du bist mir nahe. Gespräche und Briefe, hg. u. eingef. v. *W. Herbstrith,* übers. v. *J. Dierkes,* Leutesdorf: Johannes-Vlg. 8. Aufl. 1998, und in: *Bruder Lorenz von der Auferstehung,* Gesammelte Werke, übers. u. hg. v. *A. Karl* u. *A. Sagardoy,* Wien: Vlg. Christl. Innerlichkeit 1993.

50 Dritter Brief, ebd.

51 Buch der Klosterstiftungen 5, 13 (Sämtliche Schriften, Bd. VI, München u. Kempten: Kösel 1934).

52 Rufe der Seele zu Gott 2,2, in: Sämtliche Schriften Bd. V, München u. Kempten: Kösel 1937, 295–319.

53 Siehe dazu als zusammenfassenden Einblick in die Situation der Frau im »goldenen Jahrhundert« Spaniens: *Ulrich Dobhan*, Teresa von Ávila und die Emanzipation der Frau, in: *Waltraud Herbstrith (Hg.)*, Gott allein. Teresa von Ávila heute, Freiburg-Basel-Wien: Herder 1982, 209-234.

54 In seinem 1531 erschienenen Werk Norte de Estados, zt. n. *Ulrich Dobhan*, ebd., 216.

55 Der Strukturgedanke in der mystischen Purifikation bei Johannes vom Kreuz, in: *Ulrich Dobhan/Reinhard Körner (Hg.)*, Johannes vom Kreuz – Lehrer des »Neuen Denkens«. Sanjuanistik im deutschen Sprachraum, Würzburg: Echter 1991 (216-247), 223.

56 Ihr »Kurzer und sehr leichter Weg zum Inneren Gebet« ist in deutscher Übers. veröffentlicht in: *Emmanuel Jungclaussen*, Suche Gott in dir. Der Weg des inneren Schweigens nach einer vergessenen Meisterin, Jeanne-Marie Guyon, Freiburg-Basel-Wien 1986, 47–120.

57 Ebd., 53.

58 AaO., 41; vgl. 89.

59 Brief 122, in: Licht, das mich führt. Geistliche Botschaft, Freiburg-Basel-Wien: Herder 1986, 26.

60 So bereits *Rudolf Schnackenburg*, Das Johannesevangelium, III. Teil, Freiburg: Herder 1975, 214ff; später z. B. auch *Benedikt Schwank*, Evangelium nach Johannes, St. Ottilien: EOS Verlag 1996, 414ff.

61 Das Herkunftswörterbuch. Etymologie der deutschen Sprache (Duden Bd. VII), Mannheim/Zürich/Wien: Dudenverlag 2. Aufl. 1989, 289, u.: *Gerhard Wahrig*, Deutsches Wörterbuch, Gütersloh: Bertelsmann Lexikon Verlag 1994, 803.

62 Z. B.: *Lucinio Ruano* in: *San Juan de la Cruz*, Obras Completas, Madrid: BAC, 11. Aufl. 1982, 71; *José Vincente Rodríguez/Federico Ruiz Salvador* in: *San Juan de la Cruz*, Obras Completas, Madrid: Ed. de Espiritualidad 2. Aufl. 1984, 152; *Eulogio Pacho* in: *San Juan de la Cruz*, Obras Completas, Burgos: Ed. Monte Carmelo 1982, 124.

63 Worte von Licht und Liebe, 192.

64 Vida de San Juan de la Cruz, in: Vida y Obras de San Juan de la Cruz, hg. v. *Matias del Niño Jesús/Lucinio del SS. Sacramento*, Madrid: BAC 5. Aufl. 1964 (11-350) 161.

65 *Crisógono de Jesús*, Doctor mysticus. Leben des heiligen Johannes vom Kreuz, hg. u. aus dem Spanischen übertr. v. *Oda Schneider*, München-Paderborn-Wien: Verlag Ferdinand Schöningh 1961, 163: »Weg des Geistes der Unvollkommenheit: vom Himmel Ruhm ...« bzw.: »Weg des Geistes der Unvollkommenheit: von der Erde Besitz ...«.

66 Predigt 16, in: *Meister Eckehart*, Deutsche Predigten und Traktate, hg. u. übers. v. *Josef Quint*, München: Diogenes 1979 (225-228) 227.

67 Den Glauben verantworten. Eine Fundamentaltheologie, Freiburg-Basel-Wien: Herder 2000, 102.

68 Ebd.

69 Der Begriff »Utilitarismus« geht auf den englischen Philosophen Jeremy Bentham (1748–1832) zurück, der das Ziel und die Motivation allen ethischen Handelns im angestrebten *Nutzen* des Einzelnen (individualistischer Utilitarismus) oder der Gesellschaft (Sozialeudämonismus) sah.

70 Das Weihnachtsgeheimnis, in: Edith Steins Werke, Bd. XII, Freiburg-Basel-Wien: Herder 1990 (196-207) 202f.

71 Die Herkunft dieses Wortes ist mir unbekannt. Gewöhnlich wird es dem hl. Augustinus

zugeschrieben; es findet sich so in seinen Werken jedoch nicht, entspricht aber durchaus seinen Gedanken über das »Herz« des Menschen, wie er sie etwa in seinen Psalmenauslegungen äußert.

72 Der »Hedonismus« hat seinen ethisch-philosophischen Ursprung bei den griechischen Philosophen Aristipp (435-366 v. Chr.) und Epikur (341-271 v. Chr.), sie sahen im Gewinn von physischem bzw. psychischem Genuss Ziel und Motiv des ethischen Handelns; entscheidende Argumente gegen den Hedonismus als Lebensprinzip wurden bereits von Platon (427-347 v. Chr.) und Aristoteles (384-322 v. Chr.) ausgearbeitet.

73 Der kleine Duden. Fremdwörterbuch, Mannheim/Zürich/Wien: Dudenverlag, 3. Aufl. 1991, 160.

74 Die dunkle Nacht – Weg in die Freiheit. Johannes vom Kreuz und sein Denken, Salzburg: Otto Müller Verlag 1986, 47f.

75 Vgl. aaO., 163f.

76 Struktur und Wesen der Negation in den mystischen Schriften des Johannes vom Kreuz, Altenberge: Verlag für Christlich-Islamisches Schrifttum 1982, 29.

77 Brief an Proba, X.

78 Selbstbiographische Schriften. Authentischer Text, Einsiedeln: Johannes Verlag 1958 u.ö., 214f.; Hervorhebungen in Kursiv- und Großbuchstaben ebd.

79 Ebd., 214.

80 S. noch einmal: *Willibald Kammermeier*, aaO. (Anm. 24).

81 Brief an Mutter Johanna van Weersth OCD vom 17. 11. 1940 aus Echt, in: Edith Steins Werke, Bd. IX, Freiburg-Basel-Wien: Herder 1977, 153.

82 Zur Lehre Juans von der »dunklen Nacht« siehe: *Alois M. Haas*, Die dunkle Nacht der Sinne und des Geistes. Mystische Leiderfahrung nach Johannes vom Kreuz, in: *Gotthard Fuchs (Hg.)*, Die dunkle Nacht der Sinne. Leiderfahrung und christliche Mystik, Düsseldorf: Patmos 1989, 108–125; *Ulrich Dobhan*, Der schweigende Gott. Über die dunkle Nacht des Glaubens bei Johannes vom Kreuz und Teresa von Ávila, in: *Stephan Pauly (Hg.)*, Der ferne Gott in unserer Zeit, Stuttgart: Vlg. Kohlhammer 2. Aufl. 1999, 111–121, u. meinen Artikel »Dunkle Nacht« in: *Christian Schütz (Hg.)*, Praktisches Lexikon der Spiritualität, Freiburg-Basel-Wien: Herder 1988, 245-248; s. auch: *Elisabeth Ott*, Die Dunkle Nacht der Seele – Depression? Die geistliche Dimension der Schwermut, Schaffhausen: Novalis 1982.

83 In: Worte von Licht und Liebe, 112.

84 Loslassen können – die Liebe finden. Die Mystik des Johannes vom Kreuz, Mainz: Matthias-Grünewald-Verlag 1991, 67–106.

85 Ebd., 106.

86 Ebd.

87 In: Worte von Licht und Liebe, 112.

88 AaO.(s. Anm. 76), 29.

89 Dokumentiert in: *Michaela Pilters/Wolf-Rüdiger Schmidt (Hg.)*, Glut unter der Asche. 2000 Jahre Christentum und die Zukunft der Religion, Gütersloh: Gütersloher Verlagshaus 2000, 113f. (»Wellness oder Gott-Suche«. Gespräch mit Paul Michael Zulehner über Spiritualität).

Weiterführende Literatur

Schriften von und über Johannes vom Kreuz in deutscher Sprache

1. Gesamtwerk-Ausgaben

a) *Johannes vom Kreuz*, Sämtliche Werke. Vollständige Neuübertragung, hg., übers. u. eingel. v. *Ulrich Dobhan OCD/Elisabeth Hense/ Elisabeth Peeters OCD*, Freiburg-Basel-Wien: Herder, seit 1995 (nach der kritischen Werkausgabe: *San Juan de la Cruz*, Obras completas, hg. v. *José Vincente Rodríguez OCD u. Federico Ruiz Salvador OCD*, 5 Aufl., Madrid 1993):
Bd. 1: Die Dunkle Nacht (1995)
Bd. 2: Worte von Licht und Liebe. Briefe und kleinere Schriften (1996)
Bd. 3: Der Geistliche Gesang. Fassung A (1997)
Bd. 4: Aufstieg auf den Berg Karmel (1999)
Bd. 5: Die Lebendige Flamme der Liebe (2000)
Bd. 6: Die Gedichte (in Vorbereitung)

b) *Johannes vom Kreuz*, Sämtliche Werke, Einsiedeln: Johannes Verlag 1964–1978:
Bd. 1: Empor den Karmelberg (= Aufstieg auf den Berg Karmel), übertr. v. *Oda Schneider*
Bd. 2: Die Dunkle Nacht u. Die Gedichte, übertr. v. *Hans Urs von Balthasar u. Cornelia Capol*
Bd. 3: Das Lied der Liebe (= Der Geistliche Gesang), Fassung B, übertr. v. *Irene Behn*
Bd. 4: Die Lebendige Flamme, Die Briefe u. Die kleinen Schriften, übertr. v. *Irene Behn*

c) *Johannes vom Kreuz*, Sämtliche Werke in fünf Bänden, hg. u. übers. v. *Aloysius ab Immac. Conceptione OCD u. Ambrosius a S. Theresia OCD*, München: Kösel-Verlag 1924–1929 (Reprint: Darmstadt: Wissenschaftliche Buchgesellschaft 1987)

2. Ausgaben einzelner Werke

Johannes vom Kreuz, Ohne Halt – und doch gehalten. Die Gedichte, eingel. u. übers. v. *Walter Repges*, Leutesdorf: Johannes-Verlag 1998

Johannes vom Kreuz, Lebendige Flamme der Liebe, hg. u. übers. v. *Erika Lorenz*, München: Kösel-Verlag 1995

Johannes vom Kreuz, Weisheit und Weisung. Die Aphorismen und andere Kurzprosa (= Kleine Schriften), übers. u. aus heutiger Sicht erläutert v. *Erika Lorenz*, München: Kösel-Verlag 1997

3. Biografien

Crisógono de Jesús Sacramentado OCD, Doctor mysticus. Leben des heiligen Johannes vom Kreuz, hg. u. aus dem Spanischen übertr. v. *Oda Schneider*, München-Paderborn-Wien: Ferdinand Schöningh Verlag 1961

Ulrich Dobhan OCD/Reinhard Körner OCD, Johannes vom Kreuz. Die Biographie, Freiburg-Basel-Wien: Herder 1991

4. Einführende Literatur zu Leben und Spiritualität (Auswahl)

Waltraud Herbstrith OCD, Wo das Schweigen beginnt. Meditationen zu Texten von Johannes vom Kreuz, Mainz: Matthias-Grünewald-Verlag (topos) 1992

Reinhard Körner OCD (Hg.), Quellen lebendigen Wassers. Kernworte aus der Spiritualität des Karmel, Leipzig: St. Benno Verlag 2000, Einzelband: Johannes vom Kreuz, Ehrlich glauben

ders., Johannes vom Kreuz. Gestalt – Begegnung – Gebet, Freiburg-Basel-Wien: Herder 1992

ders., Freiheit, die von innen kommt. Geistliche Orientierung an Johannes vom Kreuz, Leipzig: St. Benno Verlag 1992

ders., Mein sind die Himmel und mein ist die Erde. Geistliches Leben nach Johannes vom Kreuz, Würzburg: Echter 1989

Erika Lorenz, Auf der Jakobsleiter. Der mystische Weg des Johannes vom Kreuz, Freiburg-Basel-Wien: Herder 1991

dies., Licht in der Nacht. Johannes vom Kreuz erzählt sein Leben, Freiburg-Basel-Wien: Herder 1991

dies., Ins Dunkel geschrieben. Johannes vom Kreuz – Briefe geistlicher Führung, Freiburg-Basel-Wien: 1987

Walter Repges, Johannes vom Kreuz. Der Sänger der Liebe, Würzburg: Echter 1985

ders., Alles war so voll Geheimnis. Johannes vom Kreuz – Sänger der Hoffnung, Würzburg: Echter 1991

5. Theologische Veröffentlichungen (Auswahl)

Günter Benker OCarm , Loslassen können – die Liebe finden. Die Mystik des Johannes vom Kreuz, Mainz: Matthias-Grünewald-Verlag 1991

Ulrich Dobhan OCD/Reinhard Körner OCD (Hg.), Johannes vom Kreuz – Lehrer des »Neuen Denkens«. Sanjuanistik im deutschen Sprachraum, Würzburg: Echter 1991

Reinhard Körner OCD, Mystik – Quell der Vernunft. Die ratio auf dem Weg der Vereinigung mit Gott bei Johannes vom Kreuz, Leipzig: St. Benno Verlag 1990

Erhard Meier, Struktur und Wesen der Negation in den mystischen Schriften des Johannes vom Kreuz, Altenberge: Verlag f. Christlich-Islamisches Schrifttum 1982

Fernando Urbina, Die dunkle Nacht – Weg in die Freiheit. Johannes vom Kreuz und sein Denken, Salzburg: Otto Müller Verlag 1986

Die Deutsche Bibliothek – CIP-Einheitsaufnahme

Körner, Reinhard:
»Wenn der Mensch Gott sucht ...«: Glaubensorientierung an der Berg-Karmel-Skizze des hl. Johannes vom Kreuz/Reinhard Körner. – Leipzig: Benno, 2001
ISBN 3-7462-1438-6

Dieses Buch ist nach den neuen amtlichen Rechtschreibregeln gesetzt.

ISBN 3-7462-1438-6

© St. Benno Buch- und Zeitschriftenverlags-
gesellschaft mbH Leipzig 2001
Umschlaggestaltung: Ulrike Vetter, Leipzig
Titelbild: Blick auf das Karmelgebirge in Israel (AKG, Berlin)
Herstellung: Arnold & Domnick, Leipzig
Printed in the Czech Republic